［第2版］
管理会計論

中村彰良 ［著］

創成社

PREFACE
はしがき

　管理会計とは何かといえば，企業内部の利害関係者に情報提供する会計ということになるであろう。つまり企業内部の経営管理者は，経営管理のために管理会計情報を利用するということである。第1章でも述べているように，会計にはもともと管理機能が備わっているので，管理会計とはどういうもので，いつごろから始まったかというような管理会計の歴史を研究する研究者を，悩ませることも多かったと考えられる。ただ，多くの文献では，1900年代初頭に管理会計が成立したと考えているようである。その後も管理会計は進化し，新しい手法が提案され，そのなかには定着したものもある。

　本書は，最後の2章を除いて，管理会計の分野で定着した，あるいは定着しつつあると筆者が考える手法を解説したものである。主観的にテーマを取り上げた面もあるので，たとえば，情報システムについては，ほとんど触れていない。それは，筆者が，情報システムに疎い面があるということが大きな理由であるが，管理会計のテーマとして本質的なものでないと考えていることも大きい。

　本書の第1章と第2章は導入部で，第3章から第6章までは，主に総合予算に結びつくようなテーマを取り上げている。第7章から第9章までは，主に業務的意思決定問題に適用される手法を取り上げている。第10章では管理上の意義がなくなってきているとされながらも，いまだ利用されている標準原価計算を取り上げている。第11章の部門業績評価も伝統的なテーマであるが，業績評価指標としては新しいものも提案されている。第12章から第14章までは，それまでの章と比べると最近扱われるようになったテーマを取り上げている。第15章と第16章では，管理会計の分野で特に重要なテーマになると筆者が考えるものを取り上げた。

最後の2章についてもう少し詳しく述べると，第15章では，無形資産が取り上げられる。無形資産の重要性は，多くの論者が指摘していることであるが，無形資産価値が形成されるプロセスあるいは因果関係を解明することを志向しているものが多いように思われる。しかし無形資産価値にはイメージなどの移ろいやすいものが影響を与えるので，その価値の形成プロセスを解明することは難しいと思われる。しかし，たとえば2つのブランドを取り上げて，どちらの価値が高いと思うかという質問調査をすれば，多くの人が納得するような結果になることが考えられる。このような感覚的なものを業績評価に利用できないかということを，この章では検討している。バランスト・スコアカードでも主観的指標の重要性は指摘されているが，もう少し総合的な主観指標とでもいうようなものがあるのではないかと思っている。

　第16章では，非営利組織における業績評価問題を取り上げている。非営利組織というと地方自治体のような公の組織も含められることになるが，公の組織や企業が手を出しにくい分野で活躍が期待されているものとしてNPOがある。本章では，NPOに重点を置いて，業績評価問題を考えている。バランスト・スコアカードも非営利組織に導入される例が多いものであるが，比較的小規模なNPOにとっては，導入コストに見合う効果が期待できるか疑問も残る。今後NPOの活躍の場が広がるとすれば，その業績評価問題も重要性が高まるであろう。

　本書が，管理会計の概要を理解しようとする方々の一助になれば，望外の喜びである。

　第16章のテーマを扱う契機となる研究プロジェクトに誘ってくださった高崎経済大学教授の佐々木茂先生には，あまり非営利組織に興味がなかった筆者を導いていただいた。大学院ゼミの同門同期である早稲田大学教授の奥村雅史先生と長崎大学准教授の小野哲先生，および同門で同僚である高崎経済大学准教授の阿部圭司先生からは，日ごろより刺激を受けている。学部の恩師である早稲田大学教授の佐藤紘光先生には，公私にわたりご指導を戴き，御礼申し上げる。大学院の恩師である元早稲田大学名誉教授の故小川洌先生にも，公私に

わたりご指導いただいたが，本書を見ていただくこともなく，昨年亡くなられてしまった。心よりご冥福をお祈りする。

　また出版にあたり，創成社の塚田尚寛氏，西田徹氏には，大変お世話になり感謝している。筆者は家庭で過ごす時間を犠牲にしてまで執筆に時間をとるようなタイプの人間ではないが，家族がいなければ本書を執筆する気にもならなかったと思われるので，家族にも感謝したい。

2007年10月

上毛三山を望む高崎にて
中村彰良

第2版刊行にあたって

　2007年に初版を刊行した『管理会計論』であるが，10年が経過し，さまざまなご意見も頂戴した。今回，第2章 経営分析については，重要な指標を付け加えたり，第7章 関連原価分析については，設例の条件を見直したり，そのほかにもあまり用いられなくなった用語を見直したりという小改訂を行った。

　改訂にあたって，創成社の西田徹氏には大変お世話になり，お礼申し上げる。改訂版が管理会計を理解する一助になれば幸いである。

2018年1月

中村彰良

CONTENTS 目次

はしがき
第2版刊行にあたって

第1章 管理会計の内容 —————————————— 1
第1節 管理会計の特性 ……………………………………1
第2節 経営管理プロセスと管理会計情報に関与する主体 …2
第3節 管理会計の体系 ……………………………………3
第4節 管理会計の歴史 ……………………………………5
第5節 活動基準原価計算とバランスト・スコアカード ……7

第2章 経営分析 —————————————————— 10
第1節 経営分析の概要 ……………………………………10
第2節 収益性分析 …………………………………………11
第3節 安全性分析 …………………………………………18
第4節 生産性分析 …………………………………………20
第5節 分析結果の総合 ……………………………………23

第3章 短期利益計画 ———————————————— 26
第1節 短期利益計画の設定 ………………………………26
第2節 固定費と変動費の分解 ……………………………27
第3節 CVP分析 ……………………………………………30

第4章 資金計画 —————————————————— 35
第1節 資金計画の特徴 ……………………………………35
第2節 資金繰り表 …………………………………………36
第3節 資金運用表 …………………………………………39

第4節　キャッシュ・フロー計算書··43

第5章　資本予算 ─────────────── 46
第1節　資本予算の概要··46
第2節　回収期間法··47
第3節　投資利益率法··48
第4節　正味現在価値法··49
第5節　内部利益率法··52
第6節　リアル・オプション··54

第6章　予算管理 ─────────────── 57
第1節　予算の体系··57
第2節　総合予算の作成··58
第3節　予算の機能··61
第4節　予算編成··62
第5節　予算実績差異分析··63

第7章　関連原価分析 ─────────────── 67
第1節　意思決定において利用する原価概念··67
第2節　業務的意思決定問題··69

第8章　在庫管理 ─────────────── 76
第1節　在庫の機能··76
第2節　ABC分析···77
第3節　経済的発注量··79
第4節　経済的発注点··83
第5節　サプライ・チェーン・マネジメント··85

第9章　プロダクト・ミックス ─────────────── 88
第1節　最適プロダクト・ミックス決定問題の位置づけ······························88
第2節　実質的制約条件が1つの場合··89
第3節　実質的制約条件が複数存在する場合··91

第4節　シンプレックス法 …………………………………96

第10章 標準原価計算 ——————————— 102
　　　第1節　標準原価計算の概要 ………………………………102
　　　第2節　標準原価計算のプロセス …………………………104
　　　第3節　原価差異分析 ………………………………………107

第11章 部門業績評価 ————————————— 115
　　　第1節　分権的組織 …………………………………………115
　　　第2節　事業部門の損益計算 ………………………………117
　　　第3節　振替価格 ……………………………………………119
　　　第4節　共通費の配賦 ………………………………………120
　　　第5節　社内金利 ……………………………………………123
　　　第6節　残余利益と資本利益率 ……………………………125

第12章 原価企画 ——————————————— 129
　　　第1節　原価企画 ……………………………………………129
　　　第2節　原価企画のプロセス ………………………………130
　　　第3節　目標原価の設定 ……………………………………133
　　　第4節　VE …………………………………………………135
　　　第5節　コスト・テーブル …………………………………137
　　　第6節　原価企画における諸概念 …………………………139
　　　第7節　原価企画の問題点 …………………………………140

第13章 活動基準原価計算 ——————————— 143
　　　第1節　活動基準原価計算の概要 …………………………143
　　　第2節　活動基準原価計算の計算構造 ……………………144
　　　第3節　伝統的原価計算方法と活動基準原価計算との
　　　　　　　比較（設例）………………………………………148
　　　第4節　活動基準管理 ………………………………………152
　　　第5節　活動基準予算管理 …………………………………153

第14章 バランスト・スコアカード ─── 156
- 第1節 バランスト・スコアカードの概要 ……………156
- 第2節 4つの視点 ………………………………………158
- 第3節 戦略マップ ………………………………………161
- 第4節 戦略テーマ ………………………………………164
- 第5節 報酬との結びつき（個人のレベル）……………167
- 第6節 ダブル・ループの戦略マネジメント・システム …169

第15章 無形資産価値情報による業績評価 ─── 172
- 第1節 無形資産価値情報利用における問題点 ………172
- 第2節 バランスト・スコアカードおよびEVA® とブランド価値 ………………………………………173
- 第3節 ブランド価値の評価方法 ………………………175
- 第4節 評価対象者および利用方法 ……………………176
- 第5節 報酬システム設定上の問題 ……………………178
- 第6節 ブランド価値による業績評価の独自性 ………180
- 第7節 本章のまとめ ……………………………………182

第16章 非営利組織における業績評価 ─── 185
- 第1節 本章における問題の概要 ………………………185
- 第2節 NPOの現状と課題 ………………………………186
- 第3節 非営利組織における業績評価の困難性 ………189
- 第4節 バランスト・スコアカードの役割 ……………191
- 第5節 他の統制ツールの役割 …………………………196
- 第6節 ボランティアの業績評価 ………………………198
- 第7節 本章のまとめ ……………………………………203

付　録　206
参考文献　208
索　引　211

第1章
管理会計の内容

第1節　管理会計の特性

　企業にはその内外にさまざまな利害関係者がいて,そういった利害関係者に会計情報を提供している。この企業が行う企業会計は,その企業の経済活動を記録・分類・集計・報告する諸活動と考えられる。企業会計によって提供される会計情報を利用するのが,企業の内部者である場合と外部者である場合とで,情報内容等に特色が出てくることも考えられる。一般に,企業会計は企業外部の利害関係者に情報提供する財務会計と企業内部の利害関係者に情報提供する管理会計とに分けられる。

　　財務会計（financial accounting）　　企業外部の利害関係者に情報提供する会計
　　管理会計（management accounting）　企業内部の利害関係者に情報提供する会計

　公表される財務諸表の情報などは,企業の内部者も外部者も利用することになるので,財務会計と管理会計には共通する部分もあると考えられる。しかし管理会計には,財務会計と比較した場合,次のような特色がある。
　まず,情報の利用者が企業の外部者ではなく,企業内部の経営管理者であるということである。経営管理者が,計画するためや,計画通りになるように管理するために必要な会計情報を管理会計では扱うことになる。また財務会計では,利害関係者の範囲も広く,社会的影響も大きいため,情報提供のあり方が法によって規制され,強制されているのに対して,管理会計にはそのような規

制はなく，まったく任意に行われる。管理会計は，役に立たないと思えば，やらなくてもよい。一般に，個人企業のような小さい規模の企業では，経営者と従業員のコミュニケーションも密であり，大企業に比べて管理会計の必要性は乏しいと考えられる。さらに，財務会計では，貨幣額で表された情報を専ら扱うのに対して，管理会計では，貨幣額で表された情報に加え，物量情報も重視される。それは，材料消費量や作業時間などの情報が管理をするにあたって重要になるからである。また財務会計では，客観性に優れた過去情報を主に扱うのに対して，管理会計では，これに加え，計画をするために積極的に未来情報も扱うことになる。そして財務会計では，企業全体の情報が提供されることになるが，管理会計では，管理をするにあたって重要な，部門ごとの情報やプロジェクトごとの情報も提供される必要がある。

第2節　経営管理プロセスと管理会計情報に関与する主体

　経営管理のプロセスでどのようなことが行われるかを理解し，システム設計にも役立つ枠組みとしては，さまざまなものが考えられるであろう。ここではAnthonyの提唱した枠組みに基づいて話を進める[1]。その枠組みでは，経営管理のプロセスを戦略計画，マネジメント・コントロール，オペレーショナル・コントロールの3つに分けてとらえている。

　戦略計画は，組織の目的を決め，どういう資源を使ってどうやって価値を生み出すかを計画することと考えてよいであろう。どのような市場で誰に何をどうやって売るのかというような企業の基本的な方針を決めることが中心になるであろう。これによって企業が進むべき方向性や基本的な枠組みは決まってしまうことになる。戦略計画を決定するのは，トップ・マネジメントである。

　マネジメント・コントロールは，戦略計画で決まった基本的枠組みのなかで組織の目的を達成できるように上位の管理者が下位の管理者に影響力を与えるプロセスと考えられる。このマネジメント・コントロールの中心は，予算管理と考えてよいであろう。予算によって部門の目標が決定され，その達成に必要

な資源も確保される。そして予算と実績が比較され，業績評価が行われることによって，被評価者が目標を達成しようと動機づけられるということが考えられる。マネジメント・コントロールには，主に事業部長などのミドル・マネジメントが関与することになる。

オペレーショナル・コントロールは，下位の管理者に影響力を与えるというよりは，むしろ直接的に業務を効率的に管理するプロセスであると考えられる。このオペレーショナル・コントロールの具体的な内容が，日程管理や在庫管理などということになる。オペレーショナル・コントロールには，主に職長などのロワー・マネジメントが関与することになる。

組織階層のそれぞれのレベルでは，それぞれのレベルの必要に応じた管理会計技法が適用されていると考えられる。しかし管理会計技法を用いるのは，ラインの管理者だけではない。特に，マネジメント・コントロールのため，計画をまとめたり，計画と実績の差異を分析したりすることについては，スタッフ部門がかなり関与することになる。このような役割を担うスタッフ部門が，コントローラー部門である[2]。

第3節　管理会計の体系

管理会計の体系は，どのようにとらえられるであろうか。一般に，管理サイクルは，計画（plan），実施（do），統制（see）の繰り返しと考えられる。実施は計画を実行に移すことであるから特に管理会計との接点をとらえにくいとすれば，このサイクルに対応して，管理会計は計画の会計と統制の会計とに分けることができる。

計画には，特定の問題に対して企業がとるべきコースを決定する個別計画と将来の一定の期間についての計画である期間計画がある。個別計画の場合には，その成否がすぐにはわからないものも多い。一方，期間計画の場合には，その期間が経過すれば実績を把握することができる。このため，計画と実績を比較分析して，問題点を把握したり，その結果を人の評価に用いることによっ

て動機づけしたりというような統制が行われることが，前もって予定されている。このようなことから，個別計画にかかわる管理会計を意思決定会計，期間計画とそれに付随する統制にかかわる管理会計を業績管理会計というように2つに分けて考えることもできる。

　管理会計を意思決定会計と業績管理会計とに分けた場合，それぞれどのような管理会計技法が含まれるのであろうか。意思決定会計に含められる管理会計技法に設備投資の経済性計算がある。設備投資をするかどうかといったような決定問題は，いったん決定がなされると長期的に企業の生産・販売能力を拘束することにもなる重要な問題である。意思決定問題には，このように長期的に影響を及ぼすものばかりではない。部品を内製するか購入するかという問題や特定の注文を受けるべきか否かといった問題や製品組み合わせをどうするかといった問題は，企業の生産・販売能力を前提として検討される問題である。このような問題に適用される技法としては，関連原価分析，線形計画法などがある。

　業績管理会計で扱われる期間計画は予算と考えてよいであろう。予算を編成するにあたって使われる管理会計技法としては，CVP分析や標準原価計算や資金繰り計画などが考えられる。また計画と実績を比較して統制を行うために，原価差異分析や予算実績差異分析が利用される。

　今述べた管理会計技法は，伝統的なものである。一方，企業を取り巻く環境は，近年，製品ライフサイクルの短縮化や消費者の嗜好の多様化や競争の激化などによって，大きく変わってきている。このような問題に対処するようなかたちで，管理会計にも比較的新しい技法が生まれている。製品の企画設計段階で原価を作りこむ原価企画，原価計算の精度を高め，業務改革につながる可能性のある活動基準原価計算（ABC）および活動基準管理（ABM），さまざまな指標をバランスよく用いて業績評価を行うバランスト・スコアカード（BSC），このような技法は，近年，注目を集めている。

第4節　管理会計の歴史

　会計は，非常に長い歴史を持っている。Luca Pacioli 著の複式簿記について書かれた最初の文献とされるものは，1494年に出ている。会計にはもともと管理機能が備わっているので，管理会計がいつから成立したかを決めることは，難しい問題である。管理会計の歴史について書かれたさまざまな文献があるが，多くの文献で，企業の内部プロセスへの注目が高まり，原価計算が行われるようになったあたりの時代を管理会計の萌芽期と考えているようである[3]。

　内部管理的な意義を持つ原価計算は，1800年代初頭以降のアメリカ木綿織物業界で発達したと考えられている。この織物業界で近代的な工場が出現する以前の段階では，投入される中間生産物などは，外部から市価で調達されていたとされている。作業にかかわる職人・請負人も，出来高給のようなアウトプットに対する市価をベースに賃金を支払われていた。作業員と雇用契約を結び，作業を直接統制するようになると，アウトプットに対応して賃金が支払われるわけではなくなるので，中間段階でのアウトプットを評価することも難しくなった。このような状況のなかで発達した原価計算の実務は，工程ごとに作業時間や材料消費数量などの記録を行うことによって，工程ごとの製品単位当たりの労務費などを計算していた。計算結果は，工程の能率管理のほか価格交渉などにも用いられていた。しかし財務諸表作成目的で，原価計算を行っているわけではなかった。つまり内部管理のためにもっぱら利用されたと考えられる。

　1800年代中盤以降のアメリカの鉄道業でも，原価計算が発達した。鉄道業では，輸送サービスを生み出す内部過程を評価するための原価計算が必要であった。Johnson & Kaplan によれば，ルーイヴィル・ナッシュビル鉄道の Albert Fink は，原価を次のような4つのカテゴリーに分類している[4]。

（1）輸送量の変化に応じて変化しない保守費用と一般管理費

（2）輸送量に応じて変化するが輸送距離に応じて変化するわけではない駅の人件費
（3）走行距離に応じて変化する運行費
（4）利息

　このように，固定費と変動費をある程度意識した分類になっている。原価を4つに分類した上で，トン・マイル当たりの原価を算出し，監視することになる。トン・マイル当たりの原価は，各管区によって異なるので，各管区の管理者などの業績評価に利用することができた。ここでの情報の利用のされ方は，資本利用の能率を向上させることを特に意識したものではなく，工程の能率を向上させることを意識したものであった。鉄道を建設してしまった後では，工程の能率を向上させていくしかないためと考えられている。

　1800年代後半になると，科学的管理が盛んになってくる。当時の問題状況としては，出来高給制の場合，作業能率が向上し，多くのアウトプットが産出できるようになると，賃率の切り下げが行われ，このことが組織的怠業を引き起こしているということがあった。このような状況のなかで，高賃金，低労務費を可能にするような管理方式を Frederick Taylor は提唱している。伊藤によれば，Taylorの科学的管理が確立されている著作において，次のような管理原則を提示している[5]。

（1）日々の高い課業
（2）標準的条件
（3）成功した場合の高賃金
（4）失敗した場合の低賃金

　このように，高い作業能率を達成可能にするような標準的条件を決め，それを確保した上で，作業員が高い目標を達成しようとするように刺激する内容となっている。科学的管理は，技術者によって提唱され，発展したものであるが，これに会計人が関与することによって，第10章で扱われるような原価管理のために差異分析を行う標準原価計算へと結びついていくことになる。

　1900年ごろに合併によって巨大企業が成立する。デュポン社は，そのころ

設立された会社の1つで，投資利益率を業績の尺度として利用した企業として知られている。デュポン社は単一の事業活動を営む会社ではなく，複合した事業活動を営む会社であったため，能率向上に努めるだけでは不足する面があり，各事業活動の比較のためにも投資利益率のような尺度が必要だったと考えられる。デュポン社では，投資利益率を資本回転率と売上高利益率とに分解して，さらに展開することで問題点を把握しようとすることも始めている。しかし，Johnson & Kaplan によれば，下位の管理者を投資利益率によって業績評価するというようなことはなかった[6]。当時のデュポン社では，投資利益率を主に資本割当を適切に行うために利用していたと考えられている。

巨大企業の出現によって，内部の各部門間の調整問題が複雑化して，調整機能を重視する予算が用いられるようになったと考えられている。1900年代初頭に，予算管理についての文献も多く出てきているが，そのなかでもエポックメーキングだったのは，1922年のMcKinseyのものであることが，多くの文献で指摘されている[7]。McKinseyは，各部門活動の調整だけでなく，損益計算と資金収支との調整も考慮に入れた予算論を展開している[8]。また予算管理において中心的な役割を果たすことになるコントローラーを置くコントローラー制も，1900年代初頭に各企業に広まっていったと考えられている。この1900年代初頭に管理会計が確固たる地位を築いたと考えられている。

その後の管理会計の展開としては，第3章で扱う利益計画のためのCVP分析や，第5章で扱う設備投資の経済性計算を中心とする資本予算や，第7章で扱う関連原価分析などが出てきている。また，隣接諸科学のオペレーションズ・リサーチ（OR）から影響を受けて，最適発注量（EOQ）や，最適なプロダクト・ミックスの決定のための線形計画法（LP）などが取り上げられるようになった。

第5節　活動基準原価計算とバランスト・スコアカード

前述したように，活動基準原価計算とバランスト・スコアカードは，管理会

計の分野で近年注目を集めているものである。どちらについても Kaplan という人物が関係しているということも，注目される点である。活動基準原価計算とバランスト・スコアカードはそれぞれ別の技法と考えられるが，両者に共通する考え方があると思われる。それは，両者とも因果関係を重視しているということである。以下では，このことについて少し述べてみたい。

活動基準原価計算については，第13章で取り上げられるが，もともと製品の原価を正確に計算しようとするものであった。活動基準原価計算では，まず活動ごとに製造間接費は集計される。活動ごとに費用を集計する際には，どの活動がどの資源をどのくらい消費したかに基づいて行う。活動ごとに集計した費用を製品ごとに配賦する際には，どの製品がどの活動をどのくらい利用したかに基づいて行う。このように，製品に費用が集計されると，何が原因で費用が発生したかを辿ることもできる。活動基準原価計算は，因果関係を非常に重視しているといえる。

バランスト・スコアカードについては，第14章で取り上げられるが，財務指標のみによる業績評価の問題点を克服する業績評価のためのツールというよりも，戦略マネジメントのためのツールと考えられるようになっているものである。バランスト・スコアカードでは，4つの視点（財務的視点，顧客の視点，社内ビジネス・プロセスの視点，学習と成長の視点）から企業の業績を見ていこうとする。4つの視点の間の基本的な因果関係を表すフレームワークを基礎にして，戦略を記述するフレームワークとして作成されるのが，戦略マップである。戦略マップには，どのような因果関係で最終的に財務的視点の目標を達成しようとしているかが示される。戦略マップを作成する際には，業績評価指標とともにその目標値と実施項目も検討されるので，実施項目については実施の結果をチェックして，検討できる。また，戦略マップで想定している因果関係が妥当であるかも実績によってチェックして，検討できる。このような戦略マネジメントのツールとしてのバランスト・スコアカードは，因果関係を非常に重視している。

活動基準原価計算もバランスト・スコアカードも，因果関係を重視している

ゆえの問題もあると思われる。最近重視されるようになってきている無形資産についても，さまざまな要因で無形資産価値が形成されるため，無形資産価値を形成する因果関係をとらえることは難しいと考えられる。もちろんその因果関係を解明しようとする努力は必要であると考えられるが，近日中にそれが解明されることはあまり期待できないと思われる。Simons によれば，理念体系，境界体系，診断型統制システム，対話型統制システムの4つのレバーを統合することによって，事業戦略の統制は実現されるということである[9]。このうち理念体系は，組織の基本的価値観，目的，方向性を経営者が従業員に伝えるための明確な定義のことで，これが行動指針となって，因果関係が明らかでない事態に直面した従業員も適切な対応をとることが期待される。理念体系は，会計とはあまりかかわりがないものであるが，管理会計の分野でも，因果関係の解明を追求する一方で，因果関係が明らかでないものに対応する工夫が必要なのではないかと思われる。

[注]

(1) Anthony R., *Planning and Control Systems, A Framework for Analysis,* Harvard University, 1965（高橋吉之助訳『経営管理システムの基礎』ダイヤモンド社，1968 年）．
(2) コントローラー部門は，社長室などとも呼ばれていることがある。
(3) Johnson H. T. and R. S. Kaplan, *RELEVANCE LOST : THE RISE AND FALL OF MANAGENENT ACCOUNTING,* Harvard Business School Press, 1988（鳥居宏史訳『レレバンス・ロスト』白桃書房，1992 年）．伊藤博『管理会計の世紀』同文舘，1992 年などを参照。
(4) ibid.
(5) 伊藤博，前掲書。
(6) Johnson H. T. and R. S. Kaplan, op. cit.
(7) 伊藤博，前掲書など。
(8) 伊藤博，前掲書。
(9) Simons R., *Performance Management and Control Systems for Implementing Strategy,* Prentice-Hall, 1999（伊藤邦雄監訳『戦略評価の経営学』ダイヤモンド社，2003 年）．

第 2 章
経営分析

第 1 節　経営分析の概要

　経営分析とは，経営状況を分析し，診断することである。この分析の資料として用いられるのは，主に企業の財務諸表である。このため財務諸表分析（analysis of financial statements）とほぼ同義と考えてよいであろう。管理会計は，計画と統制に利用される会計であるが，現状を無視した計画を立ててもあまり意味がないであろう。このため企業の現状を分析し，把握することが重要になる。また計画には，企業の現状における問題点に対する対策が盛り込まれることが望ましい。この問題点を把握するためにも経営分析は必要となる。
　経営分析は，いくつかの観点から分類することができる。
（1）内部分析，外部分析
（2）実数分析，比率分析
（3）収益性分析，安全性分析，生産性分析など
　内部分析と外部分析は，分析主体が企業の内部者か外部者かによる分類である。企業外部の投資家等がその企業に投資するかどうかの判断材料として分析を行う場合には，外部分析ということになる。一方，企業内部の経営管理者が企業の現状における問題点を把握するために分析を行う場合には，内部分析ということになる。内部分析の場合，外部に公表されない資料も分析に利用できるため，より詳細に分析を行える傾向がある。
　実数分析と比率分析は，分析方法による分類である。実数分析では，財務諸

表の数値をそのまま利用して分析を行うことになる。ただ，一企業の一会計期間の数値をそのまま見るだけでは，問題点などを見つけ出すことは困難である。このため，個々の項目が，前の期間と比較してどのぐらい増えたか減ったかということにより分析をする増減分析というかたちで分析が行われる。比率分析では，財務諸表の数値を分子と分母に用いて比率を計算して，分析を行うことになる。この比率分析が，分析方法の主流と考えてもよいであろう。以下では，比率分析を中心に取り上げていく。

収益性分析，安全性分析，生産性分析は，分析の問題意識による分類である。収益性分析では，企業の利益獲得能力が問題とされ，分析が行われる。安全性分析では，企業の支払能力などが問題とされ，分析が行われる。生産性分析では，企業の効率が問題とされ，分析が行われる。この観点からの分類には，上で取り上げたものの他にも，成長性分析などがある。

上記のように，分析方法には，実数分析と比率分析があるが，いずれの方法においても一企業の一期間の数値だけを用いて分析を行うわけではない。実数分析の場合には，前述のように増減分析というかたちで，前期と期間比較をして分析を行う場合が多い。このような期間比較は，比率分析の場合にも適用される。

比較分析は，期間比較だけではなく，ライバル視される同業他社や業界平均と比較して行われることもある。企業の収益構造は，その企業が属する業界ごとに異なることが一般的であるので，全企業の平均と比較しても問題点が明確にならないことが考えられる。このため，全企業平均ではなく，業界平均との比較がもっぱら行われる。

第2節 収益性分析

収益性分析における問題意識は，企業の利益獲得能力にある。収益性については，同じ利益ならば，より少ない資本を利用してそれを達成した方が収益性は高いと考える。このような収益性を分析するための指標が，資本利益率（return on investment, ROI）である。資本利益率は以下の式で表される。

$$資本利益率 = \frac{利益}{資本} \times 100 \quad (\%)$$

　この式の分子の利益は，一定の期間についての損益計算書から得られるデータである。一方，分母の資本は，一定の時点についての貸借対照表から得られるデータである。分子の利益が計算された期間を中心に考えると，その期間に対応する資本のデータは，期首のものと期末のものがあることになる。このため分母の資本は，期首の資本と期末の資本を足して2で割り，平均資本を求め，これを用いるのが合理的である。しかし簡便に分析を行うため，期末の資本だけを用いる場合もある。

　また，上記式の分子の利益には，営業利益，経常利益，当期純利益など各種のものがある。さらに，分母の資本にも，総資本，経営資本，自己資本（株主資本）など各種の概念がある。このため，分子と分母の組み合わせによって，資本利益率は各種のものが計算される。以下では，一般によく用いられる資本利益率をいくつか取り上げて，解説を加えていく。

　まず，総資本と経常利益を用いて，総資本経常利益率が計算される。総資本経常利益率の計算式は以下の通りである。

$$総資本経常利益率 = \frac{経常利益}{総資本} \times 100 \quad (\%)$$

　総資本経常利益率は，企業の業務全般にわたる収益性を示すものと考えられる。この総資本経常利益率の分母の総資本には，借入金のような他人資本が含まれる。これに対して，分子の経常利益は，借入金に対して支払われる利息などの金融費用を引いて計算される。このため，分母と分子の対応がうまく図れていない面がある。このようなことから，分子に用いる利益を経常利益＋金融費用で計算すべきだという考え方もある。また，営業外収益があまりなく，営業外費用の内容が主に金融費用である場合には，分子に営業利益を用いること

も考えられる。この分子に営業利益を用いて計算したものを総資本営業利益率という。

$$総資本営業利益率 = \frac{営業利益}{総資本} \times 100 \, (\%)$$

つぎに、自己資本と当期純利益を用いて自己資本利益率（株主資本利益率）が計算される。自己資本利益率の計算式は以下の通りである。

$$自己資本利益率 = \frac{当期純利益}{自己資本} \times 100 \, (\%)$$

自己資本利益率は、資本主の提供した資本の収益性を示すものと考えられる。自己資本利益率の分子には、資本主に帰属することになる当期純利益を用いるのが適当であると考えられるが、安定した収益力を見るために、経常利益が用いられる場合もある。分子に経常利益を用いて計算したものを自己資本経常利益率という。

$$自己資本経常利益率 = \frac{経常利益}{自己資本} \times 100 \, (\%)$$

自己資本利益率は、企業の資本構成によって、その安定性に違いがでてくる。たとえば、営業外収益がなく、営業外費用は借入金の利息だけ、他人資本は借入金だけとして考えてみる。利子率を r とし、税金を無視すれば、自己資本利益率は次式で表される[1]。

$$自己資本利益率 = \frac{営業利益 - r \times 他人資本}{自己資本}$$

ここで総資本営業利益率を i とすれば、営業利益は $i \times$ 総資本ということになる。総資本は、自己資本＋他人資本であるから $i \times$ （自己資本＋他人資本）を営業利益の部分に代入すれば、以下のようになる。

$$自己資本利益率 = \frac{i \times (自己資本 + 他人資本) - r \times 他人資本}{自己資本}$$

$$= i + (i - r) \times \frac{他人資本}{自己資本}$$

　他人資本を自己資本で割ったものを財務レバレッジといい，資本構成が他人資本に依存する程度を高めれば高めるほど高くなる。この式から，好況時に総資本営業利益率が利子率よりも大きければ，カッコ内がプラスになるので，財務レバレッジが高いと自己資本利益率は非常によくなることがわかる。反対に，不況時には，カッコ内がマイナスになることも考えられる。この場合，財務レバレッジが高いと自己資本利益率が非常に悪くなることもわかる。

　つぎに，経営資本と営業利益を用いて経営資本営業利益率が計算される。経営資本営業利益率の計算式は以下の通りである。

$$経営資本営業利益率 = \frac{営業利益}{経営資本} \times 100 \ (\%)$$

　経営資本営業利益率は，本業の収益性を表すものと考えられる。経営資本営業利益率の分母に出てくる経営資本とは何であろうか。経営資本は，本業のために投下されている資本ということであり，通常，以下の式で計算される。

　　経営資本＝総資本－（建設仮勘定＋投資その他＋繰延資産）

　建設仮勘定は，建設中の建物などに投下されたものであるので，現在本業のために利用されていないので，この式では総資本から引いている。投資その他も本業に利用されていないということで，同じ扱いになる。繰延資産は，すでに財・サービスの消費が済んでいるので，やはり総資本から引いている。

　経営資本営業利益率に問題がある場合，問題点を把握するために，この比率を売上高営業利益率と経営資本回転率とに分解することが有用であるとされている。この関係を式で表せば，以下のようになる[2]。

$$経営資本営業利益率 = \frac{営業利益}{売上高} \times \frac{売上高}{経営資本}$$

$$= 売上高営業利益率 \times 経営資本回転率$$

このように分解することによって，経営資本営業利益率の問題が，主に売上高営業利益率からもたらされるものなのか，それとも経営資本回転率からもたらされるものなのかということが見えてくる。さらに，売上高営業利益率に問題があるのであれば，売上高に対して利益が小さいということであるから，売上高に対して何らかの費用が大きいということになる。このため，主な費用の売上高に対する比率を計算すれば，どのような費用について問題が大きいか見えてくる。たとえば次のようなものが計算される。

売上高と売上原価を用いて計算されるのが，売上高売上原価率である。

$$売上高売上原価率 = \frac{売上原価}{売上高} \times 100 \; (\%)$$

さらに売上原価の内容を詳しく見るために，材料費率，労務費率，経費率などが計算される。それぞれの簡便な計算式を示すと次のようになる。

$$材料費率 = \frac{材料費}{売上高} \times 100 \; (\%)$$

$$労務費率 = \frac{労務費}{売上高} \times 100 \; (\%)$$

$$経 費 率 = \frac{経 費}{売上高} \times 100 \; (\%)$$

そして，売上高と販売費及び一般管理費を用いて計算されるのが，売上高販売費及び一般管理費率である。これは次のように計算される。

$$売上高販売費及び一般管理費率 = \frac{販売費及び一般管理費}{売上高} \times 100 \,(\%)$$

このように,各種費用の売上高に対する比率を計算し,何期間かにわたって比較をしたりすることによって,どういったところに問題があるのかをある程度把握できる。

一方,経営資本営業利益率の問題が,主に経営資本回転率からもたらされるものであれば,資本の利用効率に問題があることになる。つまり,資本を投入しても,それがうまく売上に結びつかないということになる。経営資本回転率は,設備投資をした直後などには低下することが予想される。このような場合には,期間の経過とともに問題が解消されることも考えられる。しかし,このようなケースばかりではないので,さらに問題の所在を把握するため,各種資産の回転率を計算する。たとえば,次のようなものが計算される。計算において,各種資産の金額は,期末残高を用いる場合と期首と期末の残高の平均を用いる場合とがある。

売上債権(受取手形+売掛金)の残高と売上高を用いて計算されるのが,売上債権回転率である。

$$売上債権回転率 = \frac{売上高}{売上債権} \,(回)$$

棚卸資産(商品+製品+仕掛品+材料)の残高と売上高を用いて計算されるのが,棚卸資産回転率である。

$$棚卸資産回転率 = \frac{売上高}{棚卸資産} \,(回)$$

有形固定資産の残高と売上高を用いて計算するのが,有形固定資産回転率である。ただし,建設仮勘定は,現在,営業活動に使われていないので有形固定資産から引いて計算することになる。

$$有形固定資産回転率 = \frac{売上高}{有形固定資産 - 建設仮勘定} \quad (回)$$

　このように，各種回転率は，通常，分子に売上高を用いて計算されるが，たとえば，棚卸資産回転率などは，売上原価を分子にして計算される場合もある。売上高には利益が含まれているので，棚卸資産が何回転したかを見るためには，分子に売上原価を用いるのが適切かもしれない。しかし経営分析においては，前述のように，各種指標の絶対的水準は，それほど意味があるわけではなく，期間比較などを行いながら分析が行われる。期間比較などを行えば，特殊なケースを除いて，どちらで計算しても同じような傾向をとらえることができると思われる。

　また分析する際，各種回転率の代わりに各種回転期間が用いられる場合もある。回転期間は，投下された資金を売上で回収するのにどのぐらいの期間を要するかを示すものである。経営資本回転率と経営資本回転期間の間にある関係は，以下の式で与えられる。

$$経営資本回転期間 = \frac{1}{経営資本回転率} \quad (年)$$

　経営資本回転率以外の回転率についても，回転率と回転期間との間には逆数の関係がある。したがって，資本あるいは各種資産の回転期間は短い方が望ましいということになる。また，上記式で計算される回転期間は，1年を単位として計算したものであるが，この他に，1カ月あるいは1日を単位として計算する場合もある。たとえば，1カ月を単位として経営資本回転期間を計算する式は，以下の通りである。

$$経営資本回転期間 = \frac{経営資本}{売上高/12} \quad (月)$$

　1年を単位としたものと1カ月を単位としたものとの関係で見ると，1年を

単位とした回転期間を12倍したものが1カ月を単位とした回転期間ということになる。1年は12カ月であるから，もし回転期間が1年ならば，月表示では12カ月なので当然ともいえる。同様に考えれば，1日を単位として計算した回転期間は，1年を単位として計算した回転期間を365倍すれば求められる[3]。

回転率を用いる場合にも，回転期間を用いる場合にも，各種資産の回転率あるいは回転期間に展開し，それぞれ期間比較などを行えば，どの資産をより効率よく利用しなければならないかといった問題点が見えてくることになる。

第3節　安全性分析

安全性分析における問題意識は，企業の支払能力にある。安全性を分析するための指標には，短期的な資金の出入に注目するものや，資本構造を問題にするものなど各種のものがある。

企業の短期的な支払能力を見るための比率の代表的なものに，流動比率がある。流動比率は以下の式で計算される。

$$流動比率 = \frac{流動資産}{流動負債} \times 100 \ (\%)$$

この比率の分母の流動負債の多くは，短期的に支払わなければならない債務である。一方，分子の流動資産の多くは短期的に現金化する資産である。短期的に支払うものに比べて，短期的に現金化するものが十分確保されていれば，企業が支払不能になる可能性は低いと考えられる。この点を，流動比率は評価するものである。安全性の面からだけ見れば，この比率は高い方が望ましい。

流動比率の分子の流動資産は，通常の状態であれば，短期的に現金化するものが多いと考えられる。しかし必ずしもそうでないものが含まれる場合がある。たとえば，長期間にわたって在庫として残っている商品などは，短期的に現金化する可能性が低い。また商品などの棚卸資産は，急いで現金化しようとすると買い叩かれて，安い価格でしか売れないことも考えられる。このように

棚卸資産は，短期的な支払いに当てることを考えた場合，当てにならないことも考えられる。そこで流動資産の代わりに当座資産を用いて計算したのが，当座比率である。当座資産は，現金，預金，受取手形，売掛金，市場性のある一時所有目的の有価証券などのように流動性が高く，すぐに支払手段として使えるような資産である。当座比率は以下の式で計算される。

$$当座比率 = \frac{当座資産}{流動負債} \times 100 \, (\%)$$

　流動負債に比べて当座資産が十分確保されていれば，安全性は高いといえる。この比率も，安全性の面からだけ見れば，高い方が望ましい。
　資本構成の面から見ると，返済の必要のない自己資本の割合が高ければ，より安全と考えられる。次の自己資本比率は，安全性の面から，高い方が望ましい。

$$自己資本比率 = \frac{自己資本}{総資本} \times 100 \, (\%)$$

　また自己資本に比べて負債が大きすぎるのは健全な状態とはいいがたい。負債と自己資本の比率は負債比率と呼ばれている。負債比率は以下の式で計算される。

$$負債比率 = \frac{負債（他人資本）}{自己資本} \times 100 \, (\%)$$

　負債比率は，収益性分析の自己資本利益率の説明のなかで出てきた財務レバレッジのことである[4]。前述のように，この比率が高いと，自己資本利益率の安定性は低下する。安全性の面から見ると，この比率は低い方が望ましい。
　また別の面から安全性の問題を考えてみると，固定資産に投下される資金は短期的に返済する必要のないもので賄われるのが望ましいことになる。資金が固定資産にいったん投下されると長期間にわたって拘束されることになる。したがって固定資産に投下される資金は，返済する必要のない自己資本によって

賄われるのが望ましい。この固定資産と自己資本の比率が固定比率であり、次式で計算される。

$$固定比率 = \frac{固定資産}{自己資本} \times 100 \, (\%)$$

　この固定比率は、固定資産に対して自己資本が十分あればよいことになるので、低い方が望ましい。

　固定資産に投下される資金は、自己資本によって賄われるのが最も望ましいと考えられるが、すぐに返済の必要がない長期借入や社債によって賄われていたとしてもそれほど不健全というわけではない。このようなことから、固定比率の分母に固定負債を加えて計算したものが、固定長期適合率である。固定長期適合率は、次式で計算される。

$$固定長期適合率 = \frac{固定資産}{自己資本 + 固定負債} \times 100 \, (\%)$$

　固定長期適合率も固定比率と同様に、低い方が望ましい。

　安全性を分析するための比率をいくつか取り上げたが、過度に安全性が高い場合には、収益性が犠牲になってしまう場合もある。たとえば、現金や当座預金が多いと支払いには困らないかもしれないが、それ自体は利益を生み出さない。収益性と安全性のバランスを考えることは重要である。

第4節　生産性分析

　生産性は、投入に対する産出の割合であり、一般的に、次式で表される。

$$生産性 = \frac{産出}{投入}$$

　生産性には、投入・産出にどのようなデータを使うかによって、さまざまな

ものが考えられる。産出については，生産量などの物量データを用いるか，金額で表されるデータを用いるかという問題がある。物量データは，価格変化の影響などを排して，客観的に生産効率の良否を判定するにあたっては，優れた面もある。ただ複数の種類の産出物がある場合には，それらを合計しても意味ある数値は得られないという問題もある。

金額で表されるデータには，上記のような問題もなく，一般的に利用されている。金額で表されるデータのうち何を産出の指標とするかも問題となる。産出の指標として売上高を使うことも考えられるが，売った金額に相当する価値のすべてを当該企業が生み出したわけではない。このため，当該企業の産出のために購入された他の企業が産出した財やサービスを前給付原価として売上高から控除した付加価値が，産出の指標として一般に利用されている。

付加価値の計算方法には2つの方法がある。1つは，売上高から前給付原価を控除して付加価値を計算する方法で，控除法と呼ばれている。もう1つは，利益，人件費，金融費用などを足して計算する方法で，加算法と呼ばれている。前給付原価には，人件費や金融費用は含まれないので，利益にこれらの項目を足していけば，付加価値を計算できることになる。この加算法は，得られた付加価値がどのように分配されるかという分配面に注目した計算方法とも考えられる。

また，付加価値には，純付加価値と粗付加価値の2種類のものがある。純付加価値と粗付加価値との違いは，減価償却費の扱い方にある。減価償却費は，他の企業が産出した固定資産の価値を費消したことによって計上されると考えるならば，前給付原価として，控除法では，控除する必要があるということになる。このように計算された付加価値を純付加価値という。しかし，減価償却費はあくまで見積もり計算であり，いくつかの計算方法も認められていることから，他企業との比較で問題が出ることも考えられる。このようなことから，控除法で計算したとして，減価償却費を控除しないで付加価値を計算することもある。このように計算された付加価値を粗付加価値という。

生産性の計算式の分母にある投入要素としては，資本と労働などがあると考えられる。分子に使われる付加価値は，資本と労働が協力して生み出したもの

と考えられるが,両者を総合した投入額を求めるのは困難である。このため,通常,労働生産性と資本生産性は,別々に計算される。それぞれの計算式は以下の通りである。

$$労働生産性 = \frac{付加価値}{従業員数} \quad (円／人)$$

$$資本生産性 = \frac{付加価値}{総資本} \times 100 \quad (\%)$$

労働生産性に問題がある場合,問題点を把握するために,この比率を資本集約度と資本生産性とに分解すること,あるいは労働装備率と設備投資効率に分解することが,有用であるとされている。この関係を式で表せば,以下のようになる[5]。

$$労働生産性 = \frac{総資本}{従業員数} \times \frac{付加価値}{総資本}$$
$$= 資本集約度 \times 資本生産性$$

$$労働生産性 = \frac{(有形固定資産 - 建設仮勘定)}{従業員数} \times \frac{付加価値}{(有形固定資産 - 建設仮勘定)}$$
$$= 労働装備率 \times 設備投資効率$$

このように分解することによって,労働生産性の問題が,どのような要因からもたらされるものなのかということが見えてくる。もし資本集約度や労働装備率に問題があるのであれば,機械化などが遅れていることが考えられるので,設備投資を行う必要がある。もし資本生産性や設備投資効率に問題があるのであれば,さらに,次のような分解をすることが有用である[6]。

$$資本生産性 = \frac{付加価値}{売上高} \times \frac{売上高}{総資本}$$
$$= 付加価値率 \times 総資本回転率$$

$$設備投資効率 = \frac{付加価値}{売上高} \times \frac{売上高}{(有形固定資産 - 建設仮勘定)}$$

$$= 付加価値率 \times 有形固定資産回転率$$

　このように分解してみて，もし付加価値率に問題があるのであれば，製品の機能を追加したり，何らかのサービスを付け加えたり，高級品を取り扱うようにするなどして，付加価値率を引き上げることを考えなければならないということになる。もし総資本回転率や有形固定資産回転率に問題があるのであれば，遊休資産の転用を試みたり，不要な資産を処分するというようなことを考えなければならないということになる。

　生産性が改善されれば，収益性にも好影響がもたらされるものと期待される。しかし，人件費を削って収益性を改善した場合には，必ずしも生産性はよくなるわけではない。このようなやり方で，収益性を長期にわたって改善していくことは困難である。したがって成果として得られた付加価値が適切に分配されているかを把握するのも重要である。付加価値の分配状況を見るために，労働分配率や資本分配率が次式により計算される[7]。

$$労働分配率 = \frac{人件費}{付加価値} \times 100 \ (\%)$$

$$資本分配率 = \frac{資本費}{付加価値} \times 100 \ (\%)$$

　この労働分配率を一定に保つような報酬の支払ルールも提唱されている。このようなルールによって，労働を提供する人も資本を提供する人も付加価値を高めることについて協力することが期待される。

第5節　分析結果の総合

　これまでに，安全性，収益性，生産性などを分析するための各種の比率が取

り上げられた。前述のように，問題点を把握するためには，比率をさらに細かく分解して分析することが有効であると考えられる。しかし，ある比率に問題があるとしても，別の比率が良好であり，それによって問題はカバーされていることも考えられる。したがって問題の企業全体に与えるインパクトを推し量るには，各種の比率を総合的に検討してみることが必要である。

分析結果を総合評価するための手法には，さまざまなものが考案されているが，ここでは Wall によって提案された指数法を取り上げる[8]。指数法では，まずいくつかの比率を選択し，これにウエイトをつけ，合計が100になるようにする。Wall は安全性を重視して，次のような7つの比率を選択し，ウエイトをつけた。

	ウエイト
流動比率	25
固定比率	15
負債比率	25
受取勘定回転率	10
棚卸資産回転率	10
固定資産回転率	10
自己資本回転率	5
合計	100

固定比率と負債比率については，通常，小さい方が望ましい比率であるが，すべての比率について大きい方が望ましいようにするため，ここでは逆数を取って計算している。

ウエイトを決めた後で，それぞれの標準比率を求める。標準比率には，業種別平均などを利用する。そして実際比率の標準比率に対する比率を求め，これにウエイトをかけた点数を計算する。流動比率の標準比率が200％で，実際比率が180％の場合，点数は次のように計算される。

点数 =(180／200)・25 = 22.5

　7つの比率すべてについて，このような点数を計算し，合計した点数を計算する。この合計点は，すべての比率について実際比率と標準比率が同じであれば，ちょうど100点になる。実際比率が標準比率を上回るようなことがウエイトの高い比率で起こるほど，点数は高くなる。この合計点が100点を超えていれば，総合的に見て良好な状態と考える。

　Wallの指数法では，どのような比率を選ぶかということや，それぞれの比率にどのようなウエイトをつけるかといったことについて，経験や勘によって決定しているので，客観性の面で問題があるとも考えられる。しかし，質の異なるものを比べて，総合的に判断しようとする場合には，ある程度主観的になるのは避けられない面もあると思われる。

[注]

(1) ここでは，rもiも％表示しない（100を掛けない）で考える。
(2) ここでは，経営資本営業利益率と売上高営業利益率は％表示しないで計算している。また，経営資本回転率は，％表示しないで，そのまま何回と表示する。
(3) 1日を単位として計算した回転期間を用いて，所要運転資金は以下のように計算される。(売上債権回転期間＋棚卸資産回転期間－買入債務回転期間)・売上高／365
(4) 自己資本比率の逆数を財務レバレッジということもある。
(5) ここでは，資本生産性と設備投資効率は％表示しないで計算している。
(6) ここでは，付加価値率は％表示しないで計算している。また，有形固定資産回転率の分母は，有形固定資産とするほうが一般的である。
(7) ここで，資本費は，経常利益，金融費用，賃借料などを足したものである。
(8) Wall A., and R. W. Dunning, *Ratio Analysis of Financial Statements*, Harper and Brothers, 1928.

第3章
短期利益計画

第1節　短期利益計画の設定

　中長期計画とは，通常，3年から5年程度の将来の期間についての計画であるのに対して，短期の計画とは，1年以内の将来の期間についての計画である。短期利益計画とは，翌年度の目標利益およびそれを達成するための売上高と総営業費用の大枠を計画することである。

　短期利益計画では，まず目標利益の水準が決められることになる。目標利益は，金額で設定される場合と資本利益率で設定される場合が考えられる。本業についての利益計画ということから考えると，目標が利益額で設定される場合には，営業利益を用いるのが適切である。また目標が資本利益率で設定される場合には，経営資本営業利益率を用いるのが適切であろう。目標とすべき水準については，前期の水準と比較したり，同業他社の水準と比較したりして，適切な水準であるかどうか検討される。

　目標利益が決められると，それを達成するための売上高と総営業費用を計画していくことになる。そのためには，どのぐらい売ればどのぐらいの費用がかかるのかということがわからなければならない。また，計画は1回の検討で出来上がってしまうようなものではないので，試行錯誤的な検討が必要である。このような検討をするのに有用なツールが，CVP分析（cost-volume-profit analysis）である。CVP分析を行うためには，操業水準に比例して発生する変動費と操業水準にかかわらず一定額発生する固定費とに総費用を分解しなければならない。

第2節　固定費と変動費の分解

　総費用を固定費と変動費に分解する最も簡便な方法は，勘定科目精査法である。この方法では，勘定科目ごとにその内容を吟味する。たとえば，材料費は典型的な変動費であるので，変動費とされ，減価償却費は典型的な固定費であるので，固定費とされる。しかし，光熱費などのように操業度がゼロでも基本料金を払わなければならないが，利用料金はある程度操業度に比例するような準変動費もある。また，監督者の給料のように一定の範囲の操業度においては固定的な費用と考えられるが，一定の範囲を超えると監督者増により急増するような準固定費もある。このため，勘定科目精査法だけで固定費と変動費の分解を行うことには，限界がある。

　費用と操業水準に関する過去のデータを用いて，固定費と変動費の分解を行う方法として，散布図表法（scatter-chart method）と最小自乗法（least squares method）がある。散布図表法では，図表3－1のように，座標の横軸に操業度をとり，縦軸に費用額をとり，そこに過去何期間か分の操業度とそのときの費用の額を表す点を書き入れていく。そしてその座標に，各点との差が少ないと思われる直線を目分量で引く。そして，その直線の縦軸切片の数値を固定費と考え，その直線の傾きを変動費率（操業度1単位当たりの変動費）と考える。この方法は，比較的簡単に固定費と変動費の分解を行える方法ではあるが，直線を引く人が違えば，まったく同じ線を引けるわけではないので，客観的な方法といえない面がある。

図表 3 − 1

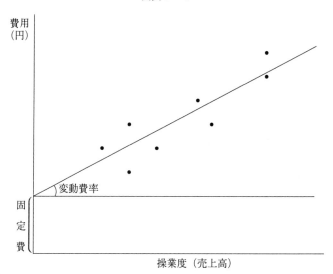

図表 3 − 2

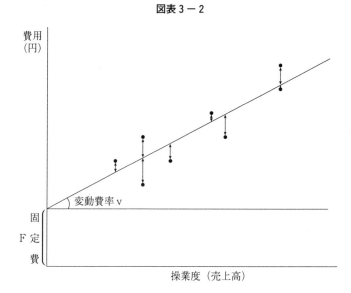

散布図表法よりも客観的に固定費と変動費の分解を行える方法として，最小自乗法がある。過去何期間か分の操業度とそのときの費用の額を表す点が，図表3－2のように与えられた場合，固定費と変動費の分解をするということは，図にy＝F＋vxで表される直線を引くということである（ただしyは総費用，Fは固定費，vは変動費率，xは操業度を表す）。この直線は，なるべく各点から離れていないようなものがデータに当てはまったものと考えられる。そこで図表3－2の矢印で表されるような各点と直線との差を各点について計算し，差が小さいものがよいということになる。しかし図からもわかるように，この差にはプラスの差とマイナスの差があるので，すべての点について差を合計すると，その合計がゼロになるような線は，いくらでも引けることになる。そこで差の自乗の合計を最小にするような線を引こうというのが，最小自乗法の考え方である。つまりこの方法では，以下の式で表される差の自乗和の合計が最小になるFとvを求めるというかたちで定式化される（ただしxとyに付いている添え字iは，いつ得られたデータかを識別するものである）。

$$\sum_{i=1}^{n} \{y_i - (F+vx_i)\}^2$$

　上記式をFとvの関数と考え，最小化しようとするので，上記式をFとvでそれぞれ偏微分して，得られた式それぞれをゼロと置けばよい。2つの式からFとvを求めると，次のような式が得られる。

$$F = \frac{\Sigma x_i^2 \Sigma y_i - \Sigma x_i \Sigma x_i y_i}{n\Sigma x_i^2 - (\Sigma x_i)^2}$$

$$v = \frac{n\Sigma x_i y_i - \Sigma x_i \Sigma y_i}{n\Sigma x_i^2 - (\Sigma x_i)^2}$$

　ここでnは，データの数を表す。
　上記式にデータを入れれば，最小自乗法により計算した固定費と変動費率がそれぞれ求められる。

第3節　CVP分析

　固定費と変動費の分解ができると，CVP分析を行うことができる。費用と操業度と利益の関係を図に表すと図表3－3のようなCVP図表（cost-volume-profit chart）を描くことができる。

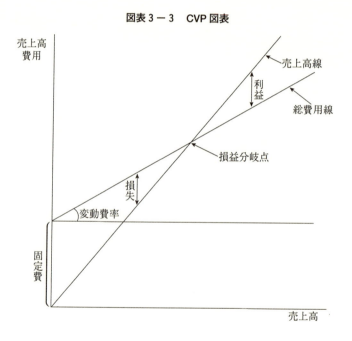

図表3－3　CVP図表

　図表3－3は，図表3－1や図表3－2に売上高を表す線を加えたものである。図の売上高線と総費用線が交わる点が損益分岐点である。損益分岐点より右側の領域では，売上高が総費用よりも大きいので利益が出る。反対に，左側の領域では，総費用が売上高よりも大きいので損失が生じることになる。損益分岐点では，利益も損失も発生しない。損益分岐点の売上高を利益計画で目標にすることはないと考えられるが，計画案を検討する際に損益分岐点の売上高

は，利用される。

　損益分岐点における販売数量や売上高を求める計算式は以下のようなものである。ここでは，以下のような記号を用いる。

　　X：販売数量
　　S：売上高
　　P：販売価格
　　V：販売数量1単位当たり変動費
　　v：変動費率
　　F：固定費

利益は売上高から固定費と変動費を差し引いて計算されるので，利益がゼロの点では以下の式が成立する。

　　$PX - VX - F = 0$
　　$S - vS - F = 0$

　上式を販売数量と売上高についてそれぞれ解けば，損益分岐点における販売数量と売上高を求める計算式が以下のように得られる。

$$損益分岐点における販売数量 = \frac{F}{P - V}$$

$$損益分岐点における売上高 = \frac{F}{1 - v}$$

　損益分岐点における販売数量を求める式の分母のP－Vは1単位当たりの限界利益であり，損益分岐点における売上高を求める式の分母の1－vは限界利益率である[1]。したがって，それぞれの式は，固定費を1単位当たりの限界利益と限界利益率でそれぞれ割ったものと考えることもできる。

　目標利益を達成する点における売上高を求める計算式は以下のようにして得られる。ここでは，損益分岐点のときと同じ記号と以下のような記号を用いる。

Ⅰ：目標利益額

利益は売上高から固定費と変動費を差し引いて計算されるので，目標利益を達成する点では以下の式が成立する。

$$S - vS - F = I$$

上式を売上高について解けば，目標利益を達成する点における売上高を求める計算式が以下のように得られる。

$$目標利益を達成する点における売上高 = \frac{F + I}{1 - v}$$

目標資本利益率達成点における売上高を求める計算式は以下のようにして得られる。ここでは，損益分岐点のときと同じ記号と以下のような記号を用いる[(2)]。

　　i：目標資本利益率
　　K：固定資本
　　h：変動資本率

使用する資本は固定資本＋変動資本であり，それに目標資本利益率を掛けて得られる金額が利益として必要である。利益は売上高から固定費と変動費を差し引いて計算されるので，目標資本利益率達成点では以下の式が成立する。

$$S - vS - F = i(K + hS)$$

上式を売上高について解けば，目標資本利益率達成点における売上高を求める計算式が以下のように得られる。

$$目標資本利益率達成点における売上高 = \frac{F + iK}{1 - v - ih}$$

このように目標利益を達成する点における売上高や目標資本利益率達成点における売上高を計算することができる。このデータは，利益計画に利用でき

る。ただ売上高の目標を設定するにあたっては，このような計算式で1回計算したら終わりというのではなく，実現可能性なども考慮した上で，変数の値が変わったらどうなるかといったことを試行錯誤的に検討することになる。さらに計画に関するリスクや安全性といったことの検討も必要となる。このような検討をする際に利用できる指標として以下のようなものがある。

　企業の売上高は，企業がコントロールできない要因によって増加したり，減少したりすることが考えられる。したがって利益計画において売上高の目標を設定して，その達成に企業努力を投入しても，目標とする売上高の水準を得ることができないこともある。企業にとって赤字というのは避けたいものであるので，目標とする売上高の水準に少しだけ届かなかっただけで赤字になるようでは安全な計画とは言い難い。逆に目標とする売上高の水準を大きく下回っても，まだ赤字にならないのであれば，安全性の高い計画と考えられる。このような面を評価する指標として安全余裕率と損益分岐点比率がある。それぞれの計算式は以下の通りである。

$$安全余裕率 = \frac{売上高 - 損益分岐点の売上高}{売上高} \times 100 \; (\%)$$

$$損益分岐点比率 = \frac{損益分岐点の売上高}{売上高} \times 100 \; (\%)$$

　上式の売上高は，ここでは目標とする売上高を考えているが，実績の売上高についてもこれらの比率は計算される。

　損益分岐点以下の売上高では損失が出てしまうことになるので，それぞれの比率は，損益分岐点における売上高の水準と目標とする売上高の水準との相対的な位置関係を見るものとなる。安全余裕率は，この比率が高いほど安全性が高いということになり，損益分岐点比率は，この比率が低いほど安全性が高いということになる。

　上述のように，企業の売上高はさまざまな要因によって変動するので，売上高の水準の少しの変動で利益の水準が大きく上がったり下がったりするようで

は，非常にリスクが高いということになる。このようなリスクの水準を評価する指標として，オペレーティング・レバレッジ（operating leverage）がある[3]。オペレーティング・レバレッジは，以下の算式で計算される[4]。

$$\text{オペレーティング・レバレッジ} = \frac{\text{限界利益}}{\text{営業利益}}$$

売上高がa％変化した場合，営業利益はa×オペレーティング・レバレッジ％変化することになる。なぜならば，売上高と限界利益は比例しているので，売上高がa％変化した場合，限界利益もa％変化する。限界利益の変化額は，（a／100）×限界利益であり，これはまた営業利益の変化額でもある[5]。したがって営業利益の変化する割合は，a×オペレーティング・レバレッジ％ということになる。

これまでに述べてきたような計算式および指標を利用しながら，試行錯誤的に利益計画は設定される。これまで述べてきた計算式では，不確実性を特に考慮していないが，不確実性を考慮したCVP分析のモデルもある[6]。しかしこのようなモデルは，実際にはあまり用いられることはない。

[注]

(1) 文献によっては，限界利益および限界利益率をそれぞれ貢献利益，貢献利益率と呼んでいる場合がある。
(2) 固定資本と変動資本率は，固定費と変動費の分解で用いたような手法で求める。
(3) オペレーティング・レバレッジ係数と呼ばれることもある。
(4) 式のなかの限界利益と営業利益は，実績や目標とする水準のデータを用いる。
(5) 売上高が変化しても固定費は変化しないため。
(6) Magee R. P., "Cost-Volume-Profit Analysis : Uncertainty and Capital Market Equilibrium," *The Journal of Accounting Research,* Autumn 1975, pp.257-266 などを参照。

第4章
資金計画

第1節　資金計画の特徴

　利益計画では，収益と費用についての計画がなされたが，資金計画では，収入と支出についての計画がなされる。利益計画と資金計画には非常に深い関係があり，利益計画で計画された収益と費用に基づいて，資金計画の収入と支出が導き出される。

　資金計画では，主に適切な流動性を確保することを目標にしている。適切な流動性を確保できないと，支払不能というようなことが発生し，利益が出ているのに倒産というようなことも起こりえる。このように，資金計画に失敗は許されないので，資金計画は適切な余裕を持ったかたちで設定されることが望ましい。しかし余裕がありすぎる資金計画は，収益性の面で問題がある。たとえば，現金を非常に多く持っていれば，支払不能になることはなくても，現金自体は収益を生み出さないので，もっと有効に活用することが望まれる。資金計画で，事前に資金的余裕のできる時期がわかっていれば，どのように活用すべきか事前に検討でき，収益性に良い影響を与えることも考えられる。

　資金計画をするためのツールとしては，さまざまな形式のものが考えられるが，最も基本的なものは資金繰り表であろう。次節では，資金繰り表について解説する。

第2節　資金繰り表

資金繰り表の様式にはさまざまなものがあるが，標準的な様式は，以下の図表4－1のようなものである（後述のキャッシュ・フロー計算書と同等の様式もある）。

図表4－1

		月	月	月
前　月　繰　越　高				
営業収入	経常収入	現　金　売　上　高			
		売　掛　金　入　金　高			
		手　形　期　日　入　金　高			
		手　形　割　引　高			
	臨　時　営　業　収　入				
営　業　収　入　合　計				
営業支出	経常支出	現　金　仕　入　高			
		買　掛　金　支　払　高			
		手　形　決　済　高			
		各　種　費　用			
	臨　時　営　業　支　出				
営　業　支　出　合　計				
営　業　収　支　過　不　足				
財　　務　　収　　入				
財　　務　　支　　出				
翌　月　繰　越　高				

資金繰り表を作成する期間は，通常，掛代金の決済や各種費用の支払いが月毎に行われる傾向があるため，月次とされることが多い。資金繰り表は，現金預金の収入，支出，残高を示す計算表であり，その構造は，まず前月繰越高に

営業収入を足し営業支出を差し引いて営業収支過不足を計算する。この段階で資金が不足している場合には，借り入れなどの財務収入で補わなければならないことになる。逆にこの段階で資金が余裕として必要十分な額を超えていれば，借入金の返済など財務支出が可能となる。営業収支過不足に財務収入，財務支出を加減した金額が翌月に繰り越されることになる。

資金繰り表には，過去のデータに基づいて作られる実績資金繰り表と予測に基づいて作られる見積り資金繰り表がある。実績資金繰り表は，見積り資金繰り表を作成する際の資料としても重要である。

実績資金繰り表の作成方法には，各種のものがあるが，基本的には現金預金勘定の相手科目を項目ごとに集計すれば作成できる。

見積り資金繰り表を作成するためには，さまざまな見積りを行わなければならない。たとえば，現金売上高を見積もるには，過去のデータから，売上のうちどのぐらいの割合が現金売上かという割合を求め，利益計画の売上目標を季節変動なども考慮して各月に割り当て，各月の売上目標に現金売上の割合を掛けて計算するというようなことが必要になる。

売掛金入金高を見積もるためには，やはり売上のうちどのぐらいの割合が掛売上かという割合は求める必要がある。さらに売掛金については，掛で売り上げた代金がその後の各月にどれぐらい回収されるかという回収率をやはり過去のデータから求め，各月の回収額を直接求めるか，各月の月末に回収されていない月末の売掛金残高を求め，これを月初売掛金残高と月間の掛売上高の見積り額との合計から差し引いて回収額を求める[1]。後者の場合，経営分析のところで述べた回転期間に似た，売掛金の回収期間を求め，これを用いる方法もある[2]。たとえば，回収期間が1.8カ月であるならば，各月の月末売掛金残高は，おおよそその月の掛売上高に1.8を掛けた額と見積もられることになる（あるいは，その月の掛売上高プラス前月の掛売上高×0.8の合計額）。月末売掛金残高が求まれば，上述の方法で回収額も求めることができる。

現金仕入高や買掛金支払高については，季節的に在庫水準の変動があるような場合には，さらに検討する必要もあるが，基本的には，現金売上高や売掛金

入金高と同様に見積もることになる。

　各種費用についても，基本的には利益計画で計画した費用の金額をベースにして，未払い額などを考慮して，支払額を見積もることになる。

　見積り資金繰り表を作成する場合には，現金預金の翌月繰越高が少なすぎるのは支払不能になる危険があるので，ある程度余裕を持たせるかたちで作成される。以下の設例では，見積り資金繰り表は以下のようになる。

【設例】
［資料］
① 売上高のうち20％は現金売り，40％は翌月末に現金で回収する売掛金，40％は60日払いの手形による。
② 仕入高は翌月の売上高の60％である。仕入のうち60％は翌月末に現金で支払う買掛金，40％は60日払いの手形による。
③ 月末の現金預金の残高は70万円未満にならないようにしたい。不足する場合は借り入れる。
④ ×1年12月末の現金有り高は80万円である。
⑤ 各月の売上高，各種費用は以下のように見積もられた。

		売上高	各種費用	（単位：円）
×1年	11月	1,500,000	—	
	12月	1,200,000	—	
×2年	1月	1,200,000	620,000	
	2月	1,500,000	550,000	
	3月	1,800,000	600,000	

		1月	2月	3月
前月繰越高		800,000	780,000	700,000
営業収入	経常収入 現金売上高	240,000	300,000	360,000
	売掛金入金高	480,000	480,000	600,000
	手形期日入金高	600,000	480,000	480,000
	手形割引高	—	—	—
	臨時営業収入	—	—	—
営業収入合計		1,320,000	1,260,000	1,440,000
営業支出	経常支出 現金仕入高	—	—	—
	買掛金支払高	432,000	540,000	648,000
	手形決済高	288,000	288,000	360,000
	各種費用	620,000	550,000	600,000
	臨時営業支出	—	—	—
営業支出合計		1,340,000	1,378,000	1,608,000
営業収支過不足		780,000	662,000	532,000
財務収入		—	38,000	168,000
財務支出		—	—	—
翌月繰越高		780,000	700,000	700,000

　資金計画をする上で最も基本的なツールが，このような資金繰り表であるが，より大局的な観点から資金の状況を分析するために用いられてきたものに資金運用表がある。次節では，資金運用表について解説する。

第3節　資金運用表

　資金繰り表では，現金預金の収支を問題にしているが，資金運用表では，運転資金を問題にする。運転資金とは，原材料を購入し，生産し，販売し，代金を回収するといった日常の業務活動の中で循環している資金のことである。したがって流動資産に投下されている資金をさすこともあるが，仕入債務の分に

ついてはまだ支払っていないということもあるので、流動資産から流動負債を差し引いたものを正味運転資金と呼んでいる。望ましい正味運転資金の水準は、業界や企業の規模によって異なると考えられるが、同業界の似た規模の企業に比べて正味運転資金が極端に少なくなったような場合には、支払いに支障をきたす可能性もある。資金運用表は、正味運転資金がどのような原因で増減し、結果として正味運転資金が十分に確保されているかを見ることによって、大局的な観点から資金の状況に無理がないかを確認するために用いられる。

資金運用表も、過去のデータに基づいて作られる実績資金運用表と予測に基づいて作られる見積り資金運用表がある。いずれの資金運用表も、2期間分の貸借対照表と補足的な資料があれば作成可能である。

前述のように、資金運用表は正味運転資金の増減の原因を明らかにするものである。正味運転資金は、流動資産から流動負債を差し引いたものであるが、この金額は、固定負債と自己資本との合計額から固定資産を差し引いて計算することもできる[3]。つまり次式が成立する。

正味運転資金＝流動資産－流動負債　　　　　　　　　(1)

正味運転資金＝固定負債＋自己資本－固定資産　　　　(2)

上の (1) の式で考えた場合、ある期間の期首と期末の貸借対照表を比較して、流動資産が増えていれば、正味運転資金は増加しているはずである。反対に流動資産が減っていれば、正味運転資金は減っているはずである。流動負債については、減った場合に、正味運転資金は増加し、増えた場合に、正味運転資金は減少することになる。

(2) の式で考えた場合、固定負債や自己資本が増えたり、固定資産が減ったりすれば、正味運転資金は増加することになる。反対に、固定負債や自己資本が減ったり、固定資産が増えれば、正味運転資金は減少することになる。このように正味運転資金の増減は、2面的に計算することができるので、資金運用表もこれを反映して、以下のような形式のものが作成される[4]。

資金の源泉
　　固定負債の増加
　　自己資本の増加
　　固定資産の減少　　　　　　_____
資金の使途
　　固定負債の減少
　　自己資本の減少
　　固定資産の増加　　　　　　_____
正味運転資金の増加額または減少額　_____

正味運転資金の増加または減少の原因
　　流動資産の増加
　　流動負債の減少　　　　　　_____
　　流動資産の減少
　　流動負債の増加　　　　　　_____
正味運転資金の増加額または減少額　_____

　この表において，資金の源泉と資金の使途との差額として計算される正味運転資金の増加額または減少額は，最下段の金額に等しい。表にある各項目の金額は，基本的には2期間分の貸借対照表の差額を計算すれば求められる。しかしいくつかの項目については，組替えを行わなければならない。

　たとえば，自己資本の一項目である利益剰余金は，ある期間に利益が得られれば増加し，配当などの利益処分があれば減少する。貸借対照表を比べたのでは，増加と減少との差額の金額しか計算できない。しかし，利益は自己資本の増加であるから，資金の源泉とし，利益処分は自己資本の減少であるから，資金の使途として表示する方が望ましいであろう。

　このため，次のような組替仕訳を行うことになる。

借方　配　当　金　×××　　　貸方　未処分利益　×××
借方　利益剰余金　×××　　　貸方　当　期　利　益　×××

　資金運用表は，2期間分の貸借対照表と組替えを行うための補足資料をもとに精算表を用いて作成することができる。次のような設例で，実績資金運用表の精算表を作成すると，以下のようになる。

【設例】
　前期と当期の貸借対照表は，精算表の左側にある通りであり，当期中に前期の利益剰余金の処分を行い，配当金50万円を支払った。当期利益は100万円である。

資金運用表の精算表

(単位：千円)

科目	貸借対照表		増減		組替		運転資金		資金	
	前期	当期	借方	貸方	借方	貸方	増加	減少	使途	源泉
現　　　　　金	3,300	3,000		300				300		
売　　掛　　金	4,500	5,000	500				500			
商　　　　　品	2,200	2,500	300				300			
土　　　　　地	10,000	11,000	1,000						1,000	
計	20,000	21,500								
買　　掛　　金	4,000	3,500	500				500			
長　期　借　入　金	2,000	3,500		1,500						1,500
資　　本　　金	10,000	10,000								
資　本　準　備　金	3,000	3,000								
利　益　剰　余　金	1,000	1,500		500	1,000	500				
計	20,000	21,500								
当　期　利　益						1,000				1,000
配　当　金					500				500	
正味運転資金の増加額								1,000	1,000	
			2,300	2,300	1,500	1,500	1,300	1,300	2,500	2,500

この設例では，正味運転資金が100万円増加していることが示されている。このように資金運用表は，資金の源泉と使途を示し，長期的な投資の資金を短期的な資金源で賄うような無理がないかを検討する材料になる。

第4節　キャッシュ・フロー計算書

　資金運用表は，前述のように，正味運転資金の源泉と使途を明らかにするものであるが，現金資金の源泉と使途を明らかにするものとしてキャッシュ・フロー計算書がある。キャッシュ・フロー計算書は，2000年3月期から開示が義務づけられたこともあり，資金運用表の役割を果たすようになっていると考えられる。キャッシュ・フロー計算書の作成方法には，直接法と間接法があるが，間接法によるキャッシュ・フロー計算書の作成方法は，資金運用表の作成方法と似た面がある。ここでは間接法によるキャッシュ・フロー計算書の作成方法について解説する。

　キャッシュ・フロー計算書で扱う現金資金の額は，負債と自己資本との合計額から現金資金以外の資産を差し引いた額になるので，ある期間の期首と期末の貸借対照表を比較して，それぞれの項目の増減を把握すれば，資金運用表に似たかたちで作成できる[5]。ただ，キャッシュ・フロー計算書は，現金資金の収入（源泉）と支出（使途）を3つの活動に分けて計算表示する。3つの活動とは，営業活動，投資活動，財務活動である。これにより，営業活動で得られた現金資金が，投資にまわされ，足りない分が借り入れで賄われているというようなことが明らかになる。以下の設例の場合，キャッシュ・フロー計算書の精算表は以下のようになる。

【設例】
　前期と当期の貸借対照表の差額は，精算表の左側にある通りであり，当期中に前期の利益剰余金の処分を行い，配当金50万円を支払った。当期利益は100万円である。期間中に，土地を売却したことはなく，長期借入金については返

済したことはない[6]。

キャッシュ・フロー計算書の精算表　　　　（単位：千円）

	増減		組替		キャッシュ・フロー計算書	
	借方	貸方	借方	貸方	支出	収入
現　　　　　金		300	300			
売　掛　金	500			500		
商　　　品	300			300		
土　　　　　地	1,000			1,000		
買　掛　金	500			500		
長　期　借　入　金		1,500	1,500			
資　　本　　金						
資　本　準　備　金						
利　益　剰　余　金		500	1,000	500		
キャッシュ・フロー計算書						
当　期　利　益				1,000		1,000
売掛金の増加額			500		500	
商品の増加額			300		300	
買掛金の減少額			500		500	
土地の取得による支出			1,000		1,000	
長期借り入れによる収入				1,500		1,500
配当金の支払額			500		500	
現金の減少額				300		300
	2,300	2,300	5,600	5,600	2,800	2,800

（右欄注記：当期利益～買掛金の減少額＝営業活動、土地の取得による支出＝投資活動、長期借り入れによる収入～現金の減少額＝財務活動）

　この設例では，現金資金が30万円減少していることが示されている。このようにキャッシュ・フロー計算書は，どのように現金資金が調達され使われているかを示し，資金の状況に無理がないかを検討する材料になる。

[注]
(1) 売掛金を手形で回収するケースもあるので，その場合には，売掛金のうち手形で回収される割合といったものを過去のデータから求めなければならない。
(2) 売掛金の回収期間は，売掛金の平均残高を1カ月当たりの売掛金回収高で割って求める。
(3) 繰延資産は無視している。
(4) 実際の表では，流動資産，固定資産，流動負債，固定負債，自己資本といったような大きな区分ではなく，具体的な項目ごとに増減を表示する。
(5) ここで現金資金とは，現金と要求払い預金だけでなく，短期の定期預金や譲渡性預金なども含めたものである。
(6) 正式なキャッシュ・フロー計算書では，この場合利益の計算に含められていると考えられる利息の支払額をいったん除外して，戻し入れを行う必要があるが，この設例では省略している。

第5章
資本予算

第1節　資本予算の概要

　資本予算（capital budgeting）とは，投資にかかわる予算であり，投資機会の探索，投資案の評価・選択，統制といったプロセスで行われる。投資には，既存の設備を取り替える投資や増産のための拡大投資や環境に配慮した投資などさまざまなものがある。また，複数の投資案の間には，排他的な関係がある場合や補完的な関係がある場合やまったく独立している場合などが考えられる。それぞれの場合によって，資本予算のプロセスや発案主体が変わってくると思われるが，概ね戦略によって導かれた長期経営計画の方向性に沿うように，実際に投資が行われることになるライン部門が関与するかたちで，投資機会を探索し，投資案にまとめることになる。

　投資案は，評価され，選択されることになるが，この評価は投資の経済性計算によって行われることになる。この経済性計算が，管理会計で扱われる中心的な課題となる。投資が行われてからその効果が出てくるまで時間がかかるというようなこともあり，投資案について統制を行うことは難しい面がある。しかし将来の計画に生かす意味もあり，予測値と実績値の比較検討は行われる。

　このように，投資の経済性計算が管理会計の中心課題であるが，それにはいくつかの特徴がある。まず，評価を行う際に，利益ではなく，それに減価償却費を足したキャッシュ・フローを用いることが多いということである。投資案は，存続する全体の期間で経済性を考慮することになるので，費用を期間に配

分して各期間の利益を計算する必要性が乏しい。また，投資の効果は長期間にわたって現れるので，時間価値を考慮することが多いのも特徴の1つである。キャッシュの現在価値と将来価値が違うため，時間価値を考慮する方が合理的である。時間価値を考慮することになると，いつキャッシュが出て行き，いつ入ってくるかというタイミングが重要になるので，やはりキャッシュ・フローを用いるのが望ましい。しかし，このような特徴を持つ計算方法が望ましいとされているだけであり，経済性計算の方法のなかには，このようなことを考慮していないものもある。

第2節　回収期間法

回収期間法（payback period method）とは，投資額をその投資から得られる将来のキャッシュ・フローで回収するのに何年かかるかという回収期間を計算し，この回収期間が短い案に高い評価を与える方法である。たとえば，現在において1千万円の投資額を要する投資案，A案とB案があり，それぞれの将来に予測されるキャッシュ・フローは図表5－1の通りであったとすると，A案とB案の回収期間は，それぞれ3年と2年ということになる。どちらか一方だけ採用する場合には，B案が採用されることになる。

図表5－1

（単位：万円）

年	A案	B案
1	300	600
2	350	400
3	350	200
4	500	100

各年におけるキャッシュ・フローの金額が等しい場合には，次の式で回収期間を計算することができる。

$$回収期間 = \frac{投資額}{年間のキャッシュ・フロー}$$

　回収期間法は，簡便な方法であり，実務においてはよく利用されているといわれている。しかし，この方法には，次のような欠点があると指摘されている。まず，この方法では，投資額を回収した後のキャッシュ・フローを無視しているということである。このため長期にわたって投資の効果が現れる投資案を低く評価する傾向が現れることもある。また，この方法では，キャッシュの時間価値を考慮していない点も問題とされる。しかしこの点に関しては，時間価値を考慮して回収期間を計算する方法も提案されている。

第3節　投資利益率法

　投資利益率法（accounting rate of return method）は，キャッシュ・フローではなく，利益を用いる点に特徴がある。会計的投資利益率は以下の式で計算され，この値が大きい投資案に高い評価が与えられる。

$$会計的投資利益率 = \frac{平均年間利益額}{投資額} \times 100 \, (\%)$$

　分母の投資額については，2で割った平均投資額が用いられる場合もある[1]。たとえば，現在において1千万円の投資額を要する投資案（A案）の将来に予測される利益は図表5－2の通りであったとすると，この投資案の投資利益率は，分母に投資額を用いた場合，平均年間利益額が（50＋100＋100＋250）／4＝125万円なので，12.5％ということになる。平均投資額を用いれば，25％ということになる。

図表5-2

(単位：万円)

年	A案
1	50
2	100
3	100
4	250

投資利益率法は，回収期間法で考慮していない回収後の期間の利益も考慮しているが，キャッシュの時間価値を考慮していないという問題点がある。

第4節　正味現在価値法

正味現在価値法（net present value method）は，時間価値を考慮したキャッシュの流入額から同じく時間価値を考慮したキャッシュの流出額を差し引いて正味現在価値を計算し，この正味現在価値がプラスの大きな値をとる投資案に高い評価を与える方法である。典型的な投資案では，現在において投資を行うと，将来の長い期間にわたってキャッシュの流入がある。このように長い期間にわたってキャッシュの出し入れがある場合には，キャッシュの時間価値を考慮する必要がある。キャッシュの現在価値と将来価値は違うからである。現在のキャッシュは債権などで運用すれば，将来には利息分だけ多い金額を手にすることができる。したがって利子率を r とすると，現在の1万円と1年後の将来の $(1+r) \times 1$ 万円は同価値と考えられることになる。このため1年後の金額を現在価値に直すためには，次のような計算が必要になる。

$$1年後の金額の現在価値 = \frac{1年後の金額}{(1+r)}$$

2年後の金額であれば，$(1+r)$ の2乗で割れば現在価値が求められる。このような計算を割引計算と呼んでおり，r を割引率または資本コストという。

資本コストは前述のように機会原価の意味合いを持ったものであるため，考慮する投資案のリスクの水準に応じて異なるはずである[2]。しかし投資案ごとにリスクを評価して，資本コストを求めることは困難であるので，現在の資本構成を前提にして加重平均資本コストを資本コストとして用いるのが一般的である。加重平均資本コストは，自己資本の資本コストと負債の資本コストをその構成割合を加味して平均したものである。自己資本の資本コストは求めるのが難しいが，資本資産評価モデル（Capital Asset Pricing Model）を用いる方法などがある[3]。負債の資本コストは，利子率などを用いるが，利息は税金を計算する上で損金とされるため，税引き後で考えれば実質的に負担するコストは小さくなるので，1から税率を引いたものを掛けて計算する。次の設例で加重平均資本コストを求めてみると，以下のようになる。

【設例】
　資本構成は，自己資本60％，負債40％である。
　自己資本の資本コストは20％である。
　負債の利子率は8％である。
　税率は50％である。

　加重平均資本コスト＝ $0.6 \times 20 + 0.4 \times 8 \times (1 - 0.5) = 13.6\%$

　このようにして資本コストを求めると，投資案の正味現在価値を計算することができる。正味現在価値を計算する式は，以下のようなかたちで与えられる。

$$正味現在価値 = CF_0 + \frac{CF_1}{(1+r)^1} + \cdots\cdots + \frac{CF_n}{(1+r)^n}$$

　ただし
　CF_nはn年度の正味キャッシュ・フロー
　rは資本コスト
　nは投資の存続期間

ここで正味キャッシュ・フローとは、投資の成果として得られるキャッシュ・フローから投資額を差し引いたものである。場合によっては追加投資が行われることもあるが、典型的なケースでは、ほぼCF_0が投資額と考えてよいだろう。CF_1からCF_nまでは、投資の成果として得られるキャッシュ・フローと考えてよいだろう[4]。このキャッシュ・フローは、利益を元にすれば、以下のように計算される。

キャッシュ・フロー＝営業利益×（1－税率）＋減価償却費
　　　　　　　　＝（営業利益＋減価償却費）×（1－税率）＋減価償却費
　　　　　　　　　×税率

たとえば、以下のような設例の場合、投資案の正味現在価値は、次のように計算できる。

【設例】
現在において1千万円の投資額を要する設備投資案（A案）があり、この投資案から将来に得られると予測される営業利益（税引き前）は図表5－3の通りであったとする。設備の耐用年数は4年で、残存価額はゼロとする。税率は40％で、資本コストは10％とする。

図表5－3

（単位：万円）

年	A案
1	200
2	150
3	150
4	100

各年度のキャッシュ・フローは、図表5－4のように計算される。

図表 5 – 4

（単位：万円）

年	A 案
1	200×0.6+250=370
2	150×0.6+250=340
3	150×0.6+250=340
4	100×0.6+250=310

したがって，A 案の正味現在価値は以下の通りである。

$$\text{A 案の正味現在価値} = -1{,}000 + \frac{370}{1.1} + \frac{340}{1.1^2} + \frac{340}{1.1^3} + \frac{310}{1.1^4}$$

$$= 84.515 \text{（万円）}$$

この計算では複利現価係数を用いた。複利現価係数は，各種の資本コストと年数について $1/(1+r)^n$ を計算したものであり，複利現価係数表として付録のようにまとめられている。

もし各年度のキャッシュ・フローが等しければ，たとえば上記の設例で各年度のキャッシュ・フローが 4 年間 340 万円で等しければ，A 案の正味現在価値は以下のような式で表される。

$$\text{A 案の正味現在価値} = -1{,}000 + \left(\frac{1}{1.1} + \frac{1}{1.1^2} + \frac{1}{1.1^3} + \frac{1}{1.1^4} \right) \times 340$$

$$= 77.766 \text{（万円）}$$

この計算では，年金現価係数を用いた。年金現価係数は，上式の括弧のなかの値を各種の資本コストと年数について計算したものであり，年金現価係数表として付録のようにまとめられている。

第 5 節　内部利益率法

内部利益率法（internal rate of return method）は，投資案の内部利益率を計算

し，この内部利益率が資本コストを上回り，高い値をとる場合，その投資案に高い評価を与える方法である。内部利益率は，次の式をrについて解いたものである。

$$CF_0 + \frac{CF_1}{(1+r)^1} + \cdots\cdots + \frac{CF_n}{(1+r)^n} = 0$$

正味現在価値を計算する式を考えて，それをゼロにする割引率を求めると，それがその投資案自体の利回りとみなせる[5]。この内部利益率の計算は，基本的にはいろいろなrの値を入れてみて，試行錯誤的に計算することになる。キャッシュ・フローが各年度で等しい場合には，年金現価係数表を用いることによって，おおよその値を求めるのは比較的容易である。たとえば，現在1,000万円の投資をすると，4年間にわたって340万円のキャッシュ・フローが得られる投資案（A案）の場合，求めるべきは，以下の式を満たすrである。

$$-1,000 + \left(\frac{1}{(1+r)} + \frac{1}{(1+r)^2} + \frac{1}{(1+r)^3} + \frac{1}{(1+r)^4}\right) \times 340 = 0$$

括弧内は，年金現価係数表に計算されており，1,000／340≒2.9412であるから，4年の年金現価が2.9412に近いrを年金現価係数表で探せばよい。年金現価係数表を見ると，rが13％のときの年金現価係数は2.9745であり，14％の

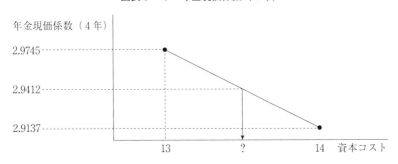

図表5-5 年金現価係数（4年）

とき2.9137である。したがって求めるべき内部利益率は13％と14％との間にあることになる。このような場合，おおよその内部利益率を求めるために補間法を用いることがある。図表5－5にあるように，年金現価係数の値は，rが13％のとき2.9745で14％のとき2.9137であるので，この2点間を直線で結び，比例計算をすることによって年金現価係数が2.9412のときのrを求める[6]。この場合，以下のような計算をする。

$$13+(14-13)\times \frac{(2.9745-2.9412)}{(2.9745-2.9137)} ≒ 13.5477$$

このように，投資案Aの内部利益率は，13.5477％と求められた。キャッシュ・フローが各年度で異なっている場合でも，試行錯誤的な計算と補間法を用いることによって，おおよその内部利益率の値を求めることができる。

この内部利益率法も正味現在価値法も，投資の存続期間全体のキャッシュ・フローを考慮しており，さらにキャッシュの時間価値も考慮しているので，合理的な方法であると考えられる。しかし複数の投資案の比較を行う場合には，正味現在価値法の方が内部利益率法よりも望ましい面があると考えられている[7]。

第6節　リアル・オプション

投資案には，全額投資するかどうかを最初の時点で決めてしまう必要があるものだけではなく，少額の投資をして様子を見てから本格的な投資をするというようにフレキシビリティのあるものもある。このようなフレキシビリティのある投資案を評価する手法としてリアル・オプション（Real Option）というものがある[8]。

正味現在価値法では，最初の時点で投資案について投資すると決めてしまった場合に正味現在価値がどのような値になるかで投資案を評価しようとする。その計算に用いられる資本コストとしては，本来，同程度のリスクを持つ別の

投資案の利回りが用いられる。また，将来のキャッシュ・フローとしては，期待値が用いられる。たとえば，現在 1,000 万円の投資をすると，1 年後に 50% の確率で 1,500 万円のキャッシュ・フローが得られ，50% の確率で 800 万円が得られる存続期間 1 年の投資案（A 案）の正味現在価値は，資本コストが 15% だとすると，次のように計算できる。

$$\text{A 案の正味現在価値} = -1{,}000 + \frac{0.5 \times 1{,}500 + 0.5 \times 800}{(1 + 0.15)} = 0$$

正味現在価値がゼロになるので，この投資案に投資する価値はないということになる。この投資案に，1 年間様子を見て状況が良ければ投資をして，悪ければ投資をしないというようなことができるフレキシビリティがある場合（B 案），この案の価値はどのように評価すべきであろうか。この場合には，状況がよければ投資をして正味 1,500 － 1,000 ＝ 500 万円のキャッシュ・フローを得られ，状況が悪ければ投資をしないので損はしないということで，この案の価値は高いと考えられる。しかし，この案の価値を評価するにあたって，先ほどの資本コストは使えない。それは，最初の時点で投資すると決めてしまう A 案とリスクが同じではないからである。

このような場合に，リアル・オプションが利用できる。たとえば，状況が良いときに 150 万円のキャッシュ・フローが得られ，状況が悪いときに 80 万円のキャッシュ・フローが得られるような A 案と完全に相関する双子のような証券があったとする。この双子証券の時価が 1 口 100 万円で，無危険債権の利子率が 10% だとすると，この双子証券 n 口と債権 m 円を組み合わせることで B 案と同じペイオフを作り出すことができる。

状況が良い場合のペイオフ

　n × 150 + m ×（1 + 0.1）= 500

状況が悪い場合のペイオフ

　n × 80 + m ×（1 + 0.1）= 0

上の式を連立方程式として解くと，n ≒ 7.142857，m ≒ － 519.4805 となる。

mのマイナスは借り入れを表す。つまりB案のペイオフは，500万円ほど借金をして，双子証券を7口程度持っている場合と同じであるので，その価値は次のように計算される。

投資案B案の価値 = $7.142857 \times 100 - 519.4805 = 194.8052$（万円）

この場合，投資案の価値は，195万円程度と評価されることになる。上記のような計算のやり方をポートフォリオ複製アプローチという。このようにリアル・オプションによって，フレキシビリティのある投資案を適切に評価できる。

[注]

（1）投資額は，費用計上時に資金流出のない減価償却の手続きによって回収されていくことになるので，存続期間にわたる平均的な投資額は，投資額の1／2になる。
（2）リスクが高い投資案を検討している場合には，同じようなリスクの別の投資案に投資をすれば，無リスクの投資案に投資したときよりも大きな利回りが期待できるので，資本コストを高く設定する必要がある。
（3）資本資産評価モデルについては，大塚宗春，佐藤紘光編著『ベーシック財務管理』同文舘，2005年などを参照。
（4）投資した設備等が売却価値を持っている場合などは，n年度のキャッシュ・フローで考慮しなければならない。
（5）利回りと資本コストが同じなので，投資から得られる正味現在価値がゼロになってしまうと考えればよい。
（6）年金現価係数をrの関数と考えれば，この2点間は直線ではないが，おおよその値を求めるために直線と考える。
（7）この点に関しては，大塚宗春，辻正雄著『管理会計の基礎』税務経理協会，1999年などを参照。
（8）リアル・オプションの詳しい内容については，トム・コープランド，ウラジミール・アンティカロフ著，栃本克之監訳『リアル・オプション』東洋経済新報社，2002年などを参照。

第6章
予算管理

第1節　予算の体系

　予算は，企業の事業計画を貨幣額で表したものと考えられる。ただし，予算の機能は計画機能だけではなく，主な機能として3つの機能が考えられる。この点に関しては，後で述べる。予算は，大きな企業では，ほとんど導入されている管理ツールである。

　短期利益計画のところでも述べたように，通常，1年以内の期間に関する計画を短期の計画という。一般的に予算といった場合には，通常，1年の期間について設定された年次予算のことを指す。長期計画の一部を長期予算と呼ぶこともあるが，長期計画は長期的に進むべき方向の概略を示すものであり，後で述べる3つの機能を持った予算というものとは，若干異質な面がある。

　さらに予算には，年次予算と月次予算がある。予算と実績を比べて問題点を把握しようとする場合には，年次よりも月次の方が迅速に対応が取れるので，この面では，月次予算の方が望ましい。月次予算は，年次予算を月割したものとならずに，より達成するのが難しい水準に設定されることもある。

　前章までに取り上げた短期利益計画や資金計画などは，それをベースにして総合予算（master budget）にまとめられる。総合予算は，通常，年次予算であり，見積損益計算書，見積貸借対照表のようなかたちでまとめられ，予算に無理な点がないかなどが検討されることになる。総合予算の体系については，さまざまな考え方があるが，概ね図表6−1のようなものと考えてよいであろう。

図表 6 − 1　総合予算の体系

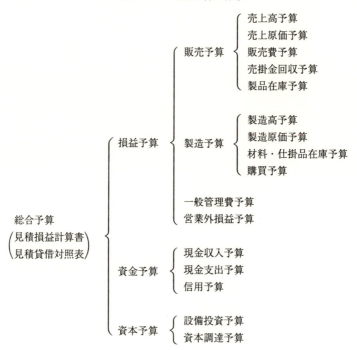

第2節　総合予算の作成

　損益予算などの総合予算にまとめられるべき予算が設定された場合，これらを総合予算にまとめるために利用されるのが，予算運算表である。以下のような事例について予算運算表を作成してみると以下のようになる。取引事例は仕訳で示してあるが，金額の単位は千円で，借方，貸方の表記は省略している[1]。

a 売上高予算から
　　売　掛　金　　980,000　　売　　　　上　　980,000
b 販売費予算から
　　販　売　費　　190,000　　現 金 預 金　　　60,000
　　　　　　　　　　　　　　　賃 金 給 料　　130,000
c 製品在庫予算から
　　製　　　品　　 36,000　　製　　　　品　　 36,000
d 材料・仕掛品在庫予算から
　　仕 掛 品　　　17,000　　仕 掛 品　　　17,000
e 製造原価予算から
　　直接材料費　　285,000　　材　　　　料　　285,000
　　直接労務費　　 78,000　　賃 金 給 料　　 78,000
　　製造間接費　　120,000　　現 金 預 金　　 83,000
　　　　　　　　　　　　　　　賃 金 給 料　　 37,000
f 一般管理費予算から
　　一般管理費　　237,000　　現 金 預 金　　117,000
　　　　　　　　　　　　　　　賃 金 給 料　　120,000
g 購買予算から
　　材　　　料　　286,000　　買　掛　金　　286,000
h 現金支出予算から
　　賃 金 給 料　　365,000　　現 金 預 金　　365,000
　　支 払 利 息　　　2,000　　現 金 預 金　　　2,000
i 信用予算から
　　現 金 預 金　　340,000　　売　掛　金　　960,000
　　受 取 手 形　　620,000

　　現 金 預 金　　630,000　　受 取 手 形　　630,000

　　買　掛　金　　280,000　　現 金 預 金　　 35,000
　　　　　　　　　　　　　　　支 払 手 形　　245,000

　　支 払 手 形　　250,000　　現 金 預 金　　250,000
j 資本予算から
　　土　　　地　　 50,000　　現 金 預 金　　 50,000
　　現 金 預 金　　 50,000　　長期借入金　　 50,000

予算運算表　　　　　　　　　　　　　　（単位：百万円）

	期首試算表		予算取引		製造勘定		損益計算書		貸借対照表	
	借方	貸方	借方	貸方	借方	貸方	借方	貸方	借方	貸方
現 金 預 金	85		1,020	962					143	
受 取 手 形	38		i620	i630					28	
売 掛 金	62		a980	i960					82	
製 品	42		c36	c36			42	36	36	
仕 掛 品	23		d17	d17	23	17			17	
材 料	18		g286	e285					19	
土 地	200		j50						250	
支 払 手 形		35	i250	i245						30
買 掛 金		58	i280	g286						64
長 期 借 入 金		80		j50						130
資 本 金		250								250
剰 余 金		45								45
売 上				a980				980		
賃 金 給 料			h365	365						
直 接 材 料 費			e285		285					
直 接 労 務 費			e78		78					
製 造 間 接 費			e120		120					
販 売 費			b190				190			
一 般 管 理 費			f237				237			
支 払 利 息			h2				2			
製品製造原価						489	489			
当 期 純 利 益							56			56
	468	468	4,716	4,716	506	506	1,016	1,016	575	575

　この予算運算表上の予算取引欄には，取引事例の仕訳が書かれている。予算取引欄には，それぞれの取引事例の記号が記入されているが，現金の借方と貸方および賃金給料の貸方の金額は，複数の仕訳の合計額なので，どの取引かを

示す記号は入っていない。予算運算表の作成は，簿記で学習する精算表と同様に行うことができる。製品および仕掛品については，予算取引欄の借方と貸方に期末棚卸高が記入されているが，借方の金額は貸借対照表欄で期末の資産の金額を表すことになり，貸方の金額はそれぞれ売上原価と製品製造原価から差し引かれるということで，損益計算書欄と製造勘定欄の貸方に記入される[2]。

第3節　予算の機能

前節までの記述からもわかるように，総合予算を編成する作業は，非常に手間がかかるものである。このような手間をかけてまで利用される予算に期待される主な機能としては，3つのものがあると考えられている。その3つの機能とは，計画機能（planning function），調整機能（coordinating function），統制機能（controlling function）である。

たとえば，損益予算は短期利益計画と結びついたものである。予算において，部門あるいは従業員の達成すべき目標が決定される。そしてその決定の際には，どのようにして目標を達成するのかという方法も考慮されている。またその目標を達成するために必要な資源をどの部門にどれだけ配分するかが決定され，それが予算に織り込まれている。このように予算は，将来の目標を決定し，それをどのような資源を使ってどのように達成するかという計画を数値で表したものと考えることができる。

予算の編成にあたっては，さまざまな調整が必要になる。企業全体の目標は，各部門の目標と矛盾するようなものであってはならないので，予算編成の過程でコミュニケーションを伴った調整が行われる。また，製造や販売といった職能部門間で調整がとれていないようでは計画自体意味のないものになってしまうので，部門間の調整が必要になる。この調整機能によって，予算は，各部門の努力が企業全体の目標の達成へ向けてまとめられていくような計画になることが期待できる。

予算が実際に達成できるように働きかける活動が，統制と考えられる。従業

員を予算の編成に参加させて，自ら目標を決めさせることで，目標達成に向けた努力を引き出そうというのも統制の一種である。また，事後的に目標を達成できなかった場合には，責任を追及されるということがあらかじめ決められている場合には，やはり従業員の努力が引き出されると期待される。統制は，従業員の動機づけの面についてのみかかわるものではない。予算と実績を比較して，分析し，問題点が明らかになれば，是正措置がとられることになる。また，分析の結果は，次の計画に生かされることになる。

　予算の機能については，当初は，統制機能が重視されることが多かったが，近代的な予算では，計画機能，調整機能が重視されるようになってきている[3]。

第4節　予算編成

　予算編成をする場合，損益予算に関しては，販売予算が決まらないとどれだけ生産すべきか決まらず，製造予算も決められないことになる。このため手続きとしては，販売予算を決めてから製造予算を決めるという流れになる。販売予算は他の予算に影響を与えることにもなるので，単なる希望額であってはならない。実現可能な販売予算でなければ，目標としての意味もなくなってしまうことになる。こういったことから，販売予算を設定するときには，売上を予測することも重要な手続きになる。売上を予測する方法としては，過去の売上の推移から予測する方法や売上に影響を与える要因を調査し予測する方法などがある。

　予算を編成する方式としては，トップダウン方式とボトムアップ方式とがある。トップダウン方式では，経営のトップが一方的に予算を設定することになる。この方式では，現場の状況や情報が予算に反映されないことになる場合があり，実現可能性の低い予算が設定される可能性がある。また，押し付けられた目標には，達成意欲が湧かない従業員も多いと考えられる。ボトムアップ方式では，現場の従業員や管理者の意見を聞いて予算にまとめていくことにな

る。この方式では，自分で設定した目標に対して，従業員の達成意欲が高まる可能性がある。一方で，達成しやすい目標が設定されたり，必要以上の資源が要求されたりすることが考えられる。こういった予算の余裕を予算スラック（budget slack）という。予算スラックをめぐる駆け引きを予算ゲーム（budgeting games）という。このようにどちらの方式にも問題点があり，どちらか一方の方式だけで予算が編成されることはあまりない。通常は，経営トップから予算編成方針がトップダウンに近いかたちで示され，その方針に添うかたちで現場から予算が積み上げられることになる。

第5節　予算実績差異分析

前述のように，予算の重要な機能として統制機能がある。統制の方法についてはさまざまなものが考えられるが，典型的には，予算と実績を比較して，問題がある場合に，部門管理者の責任が追及されたり，是正措置がとられたりする。予算の利益金額と実際の利益金額とにあまり差がなかったとしても，ある要因による不利な差異が，別の要因による有利な差異で相殺されていることもありえる。予算実績差異分析では，差異がどのような要因によってもたらされたものか，大まかに分析することになる。この差異分析によって，あまり差がなかったものについては問題がないと考え，差が大きいものに注目することになる。そして，その差異が生じた原因について詳細に調査し，是正措置をとったりすることになる。このような手法を例外管理（management by exception）という。分析結果を部門管理者の業績評価に用いる場合には，管理可能差異（controllable variance）と管理不能差異（uncontrollable variance）とに分けることも重要である。不利な管理可能差異が発生した場合には，責任追及がなされることになる。

以下の設例について，予算実績差異分析を行うと以下のようになる[4]。

【設例】

予算データ

販売価格	8,000 円／個
生産・販売数量	10,000 個
変動費	5,000 円／個
固定費	12,000,000 円

予算営業利益＝$(8,000 - 5,000) \times 10,000 - 12,000,000 = 18,000,000$ 円

実績データ

販売価格	7,800 円／個
生産・販売数量	9,900 個
変動費	5,300 円／個
固定費	12,400,000 円

実際営業利益＝$(7,800 - 5,300) \times 9,900 - 12,400,000 = 12,350,000$ 円

・売上価格差異

　実際販売価格と予算販売価格との差に基づく差異で，この場合，実際販売価格の方が予定より安いため売上が減少することになるので，不利差異である。計算式は以下の通りである。

　（実際販売価格－予算販売価格）×実際販売数量

　$(7,800 - 8,000) \times 9,900 = -1,980,000$ 円

・売上数量差異

　実際販売数量と予算販売数量との差による売上への影響を計算したものである。この場合，実際の販売数量が予定より少ないため売上が減少することになるので，不利差異である。計算式は以下の通りである。

　（実際販売数量－予算販売数量）×予算販売価格

　$(9,900 - 10,000) \times 8,000 = -800,000$ 円

・単位原価差異

予算の単位変動費と実際の単位変動費との差に基づく差異であり，この場合，実際の単位変動費の方が予定より多くかかったので，不利差異である。計算式は以下の通りである。

（予算単位変動費－実際単位変動費）×実際販売数量

$(5,000 - 5,300) \times 9,900 = -2,970,000$ 円

・変動費数量差異

予算販売数量と実際販売数量との差による変動費への影響を計算したものである。この場合，実際の販売数量が予定より少ないため変動費がその分少なくなるので，有利差異である。計算式は以下の通りである。

（予算販売数量－実際販売数量）×予算単位変動費

$(10,000 - 9,900) \times 5,000 = 500,000$ 円

・固定費差異

予算固定費と実際固定費との差である。この場合，実際の固定費の方が予定より多くかかったので，不利差異である。計算式は以下の通りである。

予算固定費－実際固定費

$12,000,000 - 12,400,000 = -400,000$ 円

この設例では，予算の営業利益が18,000,000円であり，実際の営業利益が12,350,000円でその差は5,650,000円であるが，この金額が上記5つの差異に分解された。設例で示した差異分析の例は基本的なものであり，さらに詳細に差異を分解する場合もある。差異分析は注意喚起を促すものであり，大きな不利差異が出たような場合には，さらに詳細に原因が調査され，是正措置が検討されることになる。

[注]

（1）ここでは，貸倒引当金の設定などの決算整理項目は省略している。これらも考慮する場合には，その仕訳を加えればよい。また，個々の予算は相互に関係するものがあるので，何予算からという記述は，目安と考えられるものである。

（2）期首の製品および仕掛品の棚卸高は，それぞれ売上原価と製品製造原価に加算されるということで，損益計算書欄と製造勘定欄の借方に記入される。

（3）この点に関しては，小林健吾著『予算管理発達史―総合的利益管理への道』増補改訂版，創成社，1994年を参照。

（4）設例における変動費には，変動製造原価と変動販売費が含まれる。単位当たり全部標準原価を用いる場合には，原価の数量差異の計算では，設例の計算の変動費と同じ扱いでよい。しかし単位原価差異については，設例のような計算をするのではなく，標準原価と実際原価との差異分析を行うことになる。

第7章
関連原価分析

第1節　意思決定において利用する原価概念

　関連原価 (relevant cost) とは，意思決定に関連を持つ原価ということである。意思決定は，問題に対して，代替案を探索し，それを評価し，選択することである。つまり関連原価とは，ある代替案を採用した場合には発生するが，それを止めて別の代替案を採用した場合には発生しないというような原価のことをいう。関連原価という言葉は，ほぼ差額原価 (differential cost) と同じ意味で使われている。関連原価は，代替案の評価に用いられることになるので，代替案の採用の前に代替案が採用されたらどうなるかを見積もったものである。このため関連原価は，未来原価という性質を持つことになる[1]。

　関連原価に対立する概念が，無関連原価あるいは埋没原価 (sunk cost) である。埋没原価と無関連原価は同じ意味と考えてよい。埋没原価は，意思決定に関連を持たない原価である。つまり埋没原価は，ある代替案を採用したときも別の代替案を採用したときも同じように発生する原価のことである。たとえば，どの製品を生産すべきかという問題の場合，共通に利用する設備の減価償却費は，どの製品を生産しても同様に発生するので典型的な埋没原価ということになる。

　関連原価分析 (relevant cost analysis) とは，代替案の評価を行う際に，埋没原価は無視して，関連原価だけを考慮に入れて優劣を決める手続きのことである。部品を自分のところで製造するべきか，それとも外部から購入するべきか

といった問題については，自分のところで製造した場合の関連原価と外部から購入した場合の関連原価を比較して，より原価のかからないほうが優れていると評価されることになる。しかし意思決定問題によっては原価だけを比較して結論を導くことはできない。たとえば，中間製品をそのまま売るべきか，それともさらに追加加工をしてから売るべきかといった問題については，売ったときに，それぞれどれだけ収益が得られるかといったことを検討しなければならない。つまり，関連収益（relevant revenue）あるいは差額収益（differential revenue）といったものも考慮に入れなければならない[2]。関連収益とは，ある代替案を採用した場合には得られるが，それを止めて別の代替案を採用した場合には得られないような収益のことをいう。収益も考慮しなければならない問題の場合には，関連収益から関連原価を差し引いた利益が大きい代替案の方が優れていると評価されることになる。

　関連原価分析では，機会原価という概念が用いられることがある。機会原価は，両立しえない代替案がある場合に考慮される[3]。ある代替案の採否を検討する場合に，両立しえない別の代替案を採用した場合に得られる利益を原価のように差し引くことがある。この差し引かれる利益を機会原価という。したがって問題をどのように検討するかによって機会原価は変わってしまう。別の代替案の採否を検討している場合の機会原価は，最初に検討した代替案を採用した場合に得られる利益になる。すべての代替案を列挙して検討する場合には，機会原価の概念を用いなくても，一番利益の大きいものあるいは一番原価のかからないものを選べば，同じ結論が得られる。しかし機会原価の概念は，前の資本予算のところで検討した資本コストにも現れている[4]。基準となる代替案があって，それ以下の利益しか得られないような代替案は検討するに値しないとして，足切りを行うような場合には利用できると考えられる。

　関連原価分析は，さまざまな意思決定問題に適用される。資本予算のところで扱った設備投資の経済性計算も関連収益，関連原価を検討の対象にしている。設備投資の経済性計算についてはすでに解説したので，この章の以下の部分では，既存の生産・販売能力を所与とした日常的な意思決定問題である業務

的意思決定問題について設例を用いて解説を行う。

第2節 業務的意思決定問題

業務的意思決定問題といってもさまざまなものが考えられるが，ここではいくつかの典型的な業務的意思決定問題について，具体的な設例を用いて解説を行う。

【設例7－1】内製か購入かの意思決定問題
　当社は製品の製造に必要な部品の1つを外部から購入してきた。購入価格は1個当たり5,000円であった。部品の月間必要量は1,000個で，ちょうどその生産が可能な程度，既存の設備の能力に余裕があるので，この部品を内製すべきかどうかを検討することになった。部品を製造する場合の原価は以下の資料の通りであると予想された。この部品は内製すべきか購入すべきか。

【資料】
　部品1個当たりの原価予想額
　　直接材料費　　　　2,000円
　　直接労務費　　　　1,000円
　　変動製造間接費　　1,200円
　　固　定　費　　　　1,000円
　　　（固定費は，すでに利用している設備の減価償却費などであり，部品を内製することに
　　　なったと仮定した場合の配賦額である。）

　部品製造に必要な特殊機具の月当たり賃借料　　300,000円
　　　（この賃借料は，上の1個当たり固定費の計算には入っていない。）

【設例7－1の解答】
　部品を内製した場合と購入した場合の月間の関連原価は、それぞれ以下のように計算される。

内製した場合：
直接材料費　　　　2,000円×1,000個＝2,000,000円
直接労務費　　　　1,000円×1,000個＝1,000,000円
変動製造間接費　　1,200円×1,000個＝1,200,000円
機具の賃借料　　　　　　　　　　　　300,000円
　合計　　　　　　　　　　　　　　4,500,000円

購入した場合：
部品の購入原価　　5,000円×1,000個＝5,000,000円

　このように内製した方が購入するより月間500,000円原価が節約できるので、内製した方が良いという結論になる。内製した場合の関連原価の計算で固定費の配賦額は、内製した場合も外注した場合も同じようにかかる無関連原価であるので計算に入れないが、部品製造のために新たにかかる賃借料は関連原価であるので計算に入れることになる。
　この設例では、設備の能力の余裕は、内製をしないならば他に利用する当てはないと考えている。しかしもし他に利用できるのであれば、利用した場合の利益が500,000円より大きいときに購入が有利になる。

【設例7－2】追加加工すべきか否かの意思決定問題
　当社は製品Aをそのまま販売すべきか、追加加工を行って製品Bとして販売すべきか検討している。それぞれの製品の販売価格、月間販売数量、追加加工費の見積もり額は、以下の資料のように与えられているとする。この場合、追加加工を行うべきか。

【資料】

	見積販売価格	見積月間販売数量
製品A	1,500円	3,000個
製品B	2,500円	2,000個

　ここで製品Aの見積月間販売数量は，販売可能と見込まれる数量であるとともに，材料の入手可能性の制限により生産できる上限でもある。製品Bの見積月間販売数量は，販売可能と見込まれる数量である。

　1個の製品Aから1個の製品Bを作るためにかかる追加加工費は，変動費が1個当たり300円であると見積もられる。この他に追加加工をするための装置の賃借料が，月当たり40万円かかるものと見積もられる。

【設例7－2の解答】

　製品をそのまま販売した場合と追加加工した場合の月間の関連収益と関連原価は，それぞれ以下のように計算される。

そのまま販売した場合：
収　益　　　　　1,500円×2,000個＝3,000,000円

追加加工した場合：
収　益　　　　　2,500円×2,000個＝5,000,000円
追加加工費　300円×2,000個＋400,000円＝1,000,000円
利　益　　　　　　　　　　　　　　　4,000,000円

　この設例では，追加加工した場合に利益が100万円増加することがわかる。したがって，追加加工すべきという結論になる。そのまま販売した場合を別に計算せずに，そのまま販売したときの収益を追加加工した場合の収益から差し引いた200万円を差額収益として計算する場合もある。

ここでは，そのまま販売した場合の販売数量を 2,000 個で計算しなければならない。残りの 1,000 個はいずれにせよそのまま販売することになるので，この決定問題に無関連であるためである。

【設例 7 − 3】注文引受可否の意思決定問題

当社は製品Aを製造販売しているが，生産能力には若干の余裕がある。今まで取引のない新規の顧客より製品Aを翌月に 1 個 5,000 円で 100 個注文したいという申し入れがあった。100 個の生産は余裕の生産能力を使えば可能であり，この注文を受けても既存の顧客への販売価格や販売数量には影響がないと考えられる。この注文を受けるべきか否か。なお，先月の製品Aの原価データは以下の資料の通りで，翌月もこのまま推移するものと見込まれる。

【資料】

1 個当たりの原価データ

直接材料費	2,500 円
直接労務費	1,500 円
変動製造間接費	800 円
固定製造間接費	1,200 円
合計	6,000 円

【設例 7 − 3 の解答】

注文を引き受けた場合の関連収益と関連原価は以下の通りである。

関連収益
5,000 円 × 100 個 = 500,000 円

関連原価
(2,500 円 + 1,500 円 + 800 円) × 100 個 = 480,000 円

この場合には，収益の50万円から費用の48万円を引いて，2万円の利益が得られることになる。このため，この注文を受けるべきであるという結論になる。ここでは，直接労務費を関連原価と考えたが，手待ち時間などを利用して作業が可能であるならば，無関連原価になるケースもある。

【設例7-4】取り扱い製品の存続廃止の意思決定問題
　当社では，製品別の採算を把握するために製品別損益計算を行っている。ここ数年，製品Aの採算が悪化しており，回復の見込みが立っていない。そこでこの製品の取り扱いを止めるべきかどうかを検討することになった。昨年の製品Aの販売価格，販売数量および原価データは以下の通りであり，今後も大きく変化しないと見込まれる。この場合，製品Aの取り扱いを続けるべきか否か。製品A専用の機械を他企業に月30万円でリースに出すことができる場合はどうなるか。なお，製品，仕掛品などの在庫は無視して計算する。

販売価格　7,000円　　年間販売数量　10,000個

1個当たりの原価データ
直接材料費　　　　2,500円
直接労務費　　　　1,500円
変動製造間接費　　 800円
固定製造間接費　　1,200円
　合計　　　　　　6,000円
　固定製造間接費のうち8,000,000円は製品Aの取り扱いを止めることで節約可能である。

1個当たり変動販売費　500円
　製品Aの取り扱いを止めることで節約可能な固定販売費は7,000,000円である。

【設例 7 − 4 の解答】
製品Aを存続させた場合の関連収益と関連原価は以下の通りである。

関連収益
7,000 円 × 10,000 個 = 70,000,000 円

関連原価
（2,500 円 + 1,500 円 + 800 円 + 500 円）× 10,000 個 + 8,000,000 円 + 7,000,000 円 = 68,000,000 円

この場合には，収益の 7,000 万円から費用の 6,800 万円を引いて，200 万円の利益が得られることになる。このため，製品Aの取り扱いを存続すべきであるという結論になる。製品A専用の機械を他企業に月 30 万円でリースに出すことができる場合には，次のような収益が得られることになる。

リースに出した場合の年間収益
300,000 円 × 12 カ月 = 3,600,000 円

このリースに出した場合の収益と製品Aを存続させた場合の利益を比べて，リースに出した方がよいと判断してもよい。また，リースに出した場合の収益を機会原価と考えて存続案の原価に加えれば，存続案の利益は以下のように計算できる。

70,000,000 円 − 68,000,000 円 − 3,600,000 円 = − 1,600,000 円

このように機械をリースに出せる場合には，製品Aの取り扱いを存続すべきではないという結論になる。

最後の設例は，典型的な業務的意思決定とはいえないが，関連原価分析が同

じように適用される問題であるので取り上げた。どの意思決定問題についても，ここでは金額で定量的に代替案を評価したが，実際に意思決定を行う場合には定性的な面も重視される場合がある。たとえば，最後の設例に関していえば，ある製品は採算に合わなくても企業のイメージを高めるために必要と考えられる場合もあると考えられる。定性的な面は，管理会計では取り上げにくい問題であるが，意思決定問題によっては非常に重要なものとなる。

[注]

（1）過去の原価は，将来の原価を予測する上で重要である。原価によっては，今の水準が将来も続くと考えて，過去の原価をそのまま使うこともある。
（2）関連収益，差額収益という言葉は，関連原価，差額原価という言葉に比べると，一般的に使われる頻度は少ない。
（3）投入できる資源の数量が限られている場合，ある代替案に資源を投入したら，別の代替案には資源を投入できないことになる。この場合，それぞれの代替案は，両立し得ないものとなる。
（4）複利計算のため，単純に他の投資機会から得られるであろう資本コストを引き算するという計算にはなっていないが，機会原価の考え方は現れている。

第 8 章
在 庫 管 理

第1節　在庫の機能

　さまざまな業界で，在庫削減の努力が行われている。必要なものを必要なときに必要な量だけ調達できるようにするJIT（Just-In-Time）も，在庫を減らすことを志向しているものである。供給リードタイム[1]が極端に短い場合や，需要リードタイム[2]が極端に長い場合には，受注生産の形態をとることも可能であり，在庫をなくすことも可能かもしれない。しかし，多くの製品は見込み生産を行っているので，在庫がまったくない状態というのは実現不可能である。

　また在庫は，さまざまな機能を果たしている。まず，製品の需要は確実にわかっていることはほとんどなく，予測できないような変動をする。このため在庫がないと，注文に応じられずに機会損失を発生させてしまうことがある。このような事態を防ぐ機能を在庫は持っている。このような機能を期待して保有する在庫を安全在庫と呼んでいる。また，生産にあたり，一定量をまとめて生産を行うことがある。この場合，ロットサイズが大きくなれば，在庫水準も高くなることになる。しかし，段取り替えの回数は少なくなり，そのためのコストも節約されると考えられる。そして，間隔をあけて繰り返し在庫補充する場合，次回までの需要を賄うだけの在庫が必要になる。この場合，発注間隔があけばあくほど，在庫水準も高くなることになる。しかし，発注，検収，決済に伴う事務作業が削減され，そのためのコストも節約されると考えられる。在庫には，このような効率を上げる機能がある。さらに，材料は投入されてから完

成するまでの間は，仕掛在庫ということになる。そして，工場から営業所へ輸送する場合などに，輸送中のものは在庫となっていることになる。特に海外で生産を行っているような場合には，輸送に時間がかかることになり，このような在庫も増えることになる。このような在庫は，製造リードタイムや輸送リードタイムがゼロにならない限り，なくすことはできない。

　不必要な在庫を持つことは避けなければならないのはいうまでもないが，在庫には上述のような機能もあり，避けられないものもある。在庫を持たなければならない場合，どのような水準の在庫を持ったらよいのか，あるいは，どのような時点で発注すればよいのかというようなことを以下で検討する。

第2節　ABC分析

　通常，企業では，多品目の在庫を管理している。それらの在庫のなかには，非常に高価で保管にもコストがかかるようなものから，単価が安く保管のスペースもあまり取らないものなどさまざまなものがあると考えられる。すべての品目を厳密に管理することは，管理コストの面からみても合わないであろう。そこで品目の重要度に応じた管理が行われるべきであるということになる。品目を重要度に応じてそれぞれに適切な管理を行うため，A，B，Cの3つのランクに分けるやり方をABC分析（ABC analysis）と呼んでいる。重要度を測る尺度としてはさまざまなものが考えられるが，一般に，一定期間内の出庫額などが用いられる。

　ABC分析を適用した場合，重要な品目について重点的に厳密な管理がなされることになるが，そうすることの合理性はパレート図（Pareto diagram）を描くことで実感できる。パレート図は，品目を出庫額の大きい順に並べ，出庫額が大きいものから小さいものへと進んでいく過程で累計出庫額がどのように変化するかを表したものといえる。パレート図は，具体的には図表8－1に示したようなものであり，横軸には，その品目までの累計品目数の総品目数に占める割合を，縦軸には，その品目までの累計出庫額の総出庫額に占める割合を

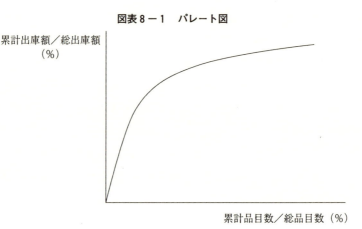

図表8-1　パレート図

とっている。

　パレート図から，少数の品目で出庫額のかなりの割合が占められていることがわかる。したがって，この少数の品目を重点的に管理することによって，効率的な在庫管理を行うことができる。品目をA，B，Cの3つのランクに分ける目安としては，縦軸で50％を超える品目までをAランク，横軸で50％程度までの品目をBランク，残りの品目をCランクとすることが1つのやり方として考えられる。

　Aランクとされた品目については，厳密な管理が求められる。このため次節以降で解説される経済的発注量や経済的発注点も可能な限り計算すべきであろう。またAランクの品目は金額的にも大きいので，在庫となる金額を減らすことによってキャッシュ・フローを改善する効果も大きい。そこで，経済的発注量や経済的発注点の計算では与件とされる項目も見直しができるものは見直し，より多頻度に発注することなどによって，なるべく在庫を減らす努力も，Aランクの品目については重点的になされるべきであろう。

　Cランクとされた品目については，厳密に管理するよりは，管理にかかるコストを節約することに注目すべきであろう。もちろん，管理コストがかからないのであれば，厳密に管理しても構わないが，発注については，在庫品を入れ

る箱を2つ用意して，一箱が空になったら一箱分発注するダブルビン発注方式（two-bin ordering system）を採用することも考えられる。また，受払いの手続きを簡略化することも考えられる。Bランクとされた品目については，Aランクの品目に適用される管理方式のうちコスト的に見合うようなものは取り入れて，AランクとCランクの中間的な管理が行われることになる。

第3節　経済的発注量

単位時間当たりの需要量が確定していると仮定すれば，経済的発注量（economic order quantity, EOQ）を計算することができる。在庫を保管するためには保管費がかかるが[3]，保管費は，発注量を増やして，在庫が増えるほど多額になる。一方，発注事務などのためにかかる発注費は，発注量が増えて発注の頻度が減れば少額で済む。保管費と発注費は発注量が増えるにつれて逆の動きをすることになる。この関係を図示したのが図表8-2である。保管費と発注費を足した総費用を最小化するのが経済的発注量（EOQ）である。

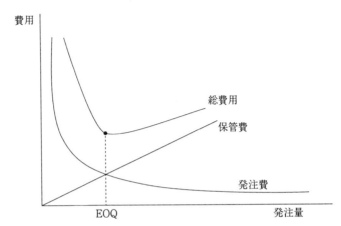

図表8-2　EOQ図表

1回当たりの発注費がPで表され，在庫品1単位を一定期間保管するのにかかる保管費がSで表され，一定期間の需要量がDで表され，発注量がQで表されるとすると，一定期間の発注回数はD／Q回ということになる。このため一定期間の発注費は以下のように計算されることになる。

$$発注費 = P \times \frac{D}{Q}$$

保管費は在庫量に応じて増減するが，在庫量は期間中一定ではないので，一定期間の平均在庫量を求める必要がある。単位時間当たりの需要量が確定している場合，在庫量は入庫時に発注量分だけ増えて，その後一定の割合で減っていくことになる。在庫量の変動を図で表すと図表8－3のようになる。この図からもわかるように，一定期間の平均在庫量はQ／2ということになるので，一定期間の保管費は以下のように計算される。

$$保管費 = S \times \frac{Q}{2}$$

図表8－3　在庫量の変動

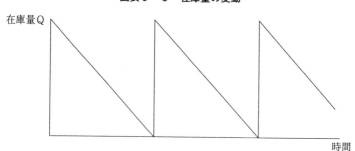

したがって，発注費と保管費を足した総費用は，以下の式で表される。

$$総費用 = \underbrace{P \times \frac{D}{Q} + S \times \frac{Q}{2}}_{発注費＋保管費}$$

総費用を最小化する発注量を求めるために,上式をQで微分してゼロとおくと次の式が得られる。

$$-P \times \frac{D}{Q^2} + S \times \frac{1}{2} = 0$$

この式の第一項を移項してQを掛ければ,以下の式が得られる。

$$S \times \frac{Q}{2} = P \times \frac{D}{Q}$$

これは,保管費と発注費が等しいということであるので,図表8-2の保管費を表す線と発注費を表す線とが交わる点のQの値が,経済的発注量(EOQ)ということになる。この式をQについて解くと,経済的発注量は以下の式で計算できる。

$$経済的発注量(EOQ) = \sqrt{\frac{2PD}{S}}$$

上の経済的発注量の計算では,発注した数量はまとめて納入されるものと考えていたが,たとえば前工程に一定量の部品の納入を依頼するが,その一定量の生産がすべて完了する前に,完成したものから納入してもらう場合,在庫量の変動は経済的発注量の計算で考えたものとは変わってくる。この場合,在庫量の変動は,図表8-4のようになる。

図表8-4 在庫量の変動

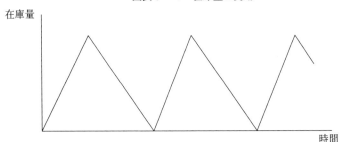

この場合，一定量がまとまって納入されるわけでもなく，前工程で生産され納入が行われている間にも部品の需要はあるので，在庫量の増加は図表8－3と比較してなだらかになる。一定期間の部品の生産能力（生産可能量）は，その期間の需要量より大きくなければ生産が追いつかないことになるので，生産能力が需要量より大きい場合のみを考えればよい。生産能力が需要量の2倍であれば，生産を行う時間は全体の1／2で済むことからもわかるように，1サイクル当たり生産をしている時間の割合は，需要量／生産能力ということになる。前と同じ記号を用い[4]，一定期間の生産能力をUで表すと，生産をしている時間の割合はD／Uということになる。生産能力の方が需要量よりも大きいので，もし一定期間，部品の生産を続ければ，最大でU－Dだけ在庫になる。発注回数はD／Qであるから，1サイクルずっと部品の生産を続ければ，最大で（U－D）×Q／Dだけ在庫になる。しかし生産をしている時間の割合はD／Uであるから，1サイクルの在庫は最大で（U－D）×Q／Uにしかならない。1サイクルの平均在庫量はこの1／2である。どのサイクルの平均在庫量も等しいので，これは一定期間の平均在庫量と考えてよい。この平均在庫量を用いると，保管費を表す式は以下のように変わる。

$$保管費 = S \times \frac{(U-D)Q}{2U}$$

これによって総費用を表す式は以下のようになる。

$$総費用 = P \times \frac{D}{Q} + S \times \frac{(U-D)Q}{2U}$$

　総費用を最小化する前工程への発注量を求めるために，上式をQで微分してゼロとおき，Qについて解くと，次の式が得られる。これは，経済的生産量（economic manufacturing quantity, EMQ），あるいは経済的ロットサイズ（economic lot size, ELS）と呼ばれるものである。

$$経済的生産量 (EMQ) = \sqrt{\frac{2PD}{S} \times \frac{U}{(U-D)}}$$

　経済的発注量や経済的生産量は単位時間当たりの需要量が確定していると仮定したモデルから得られたものであるので，その前提があまり現実的でないという問題点を抱えている。また，1回当たりの発注費や単位当たりの保管費を実際に測定することにも困難が伴うと考えられる。しかし，そういった数値の概算額についてある程度容易に測定することができるときには，おおよその目安を得るためにも，重要な品目については経済的発注量や経済的生産量の計算が行われてしかるべきであろう。

第4節　経済的発注点

　発注点とは，在庫数量がその数量以下になったときに発注することになる数量のことである。前節と同様に，単位時間当たりの需要量が確定していると仮定すれば，発注点は容易に求められる。たとえば，発注してから納入されるまで5日要する場合には，5日分の需要量まで在庫が減ったときに発注すれば，ちょうど在庫がなくなったときに注文したものが納入されることになる。
　実際には，発注から納入までのリードタイムにおける需要は多いことも少ないこともあるはずである。そこで，リードタイムにおける平均需要量とその標準偏差を過去のデータから求め[5]，需要量が正規分布に従うと仮定して，在庫切れになる確率が目標値以下になる係数を正規分布の数表から求め，この係数と標準偏差とを掛けた数量を安全在庫としてリードタイムにおける平均需要量に加え，これを発注点とするやり方も考えられる。しかし，このやり方では，在庫切れになる確率の目標値をどの程度にするかについての根拠があいまいになってしまうことも考えられる。以下では，保管費と在庫切れ損失を考慮に入れて発注点を求めるモデルを取り上げる。
　発注時の在庫数量が，発注から納入までのリードタイムにおける需要量に等

しければ，ちょうど在庫がなくなったときに納品されることになり，余計な保管費や在庫切れ損失は発生しない。実際には，リードタイムにおける需要量は，発注時の在庫数量よりも大きいことも小さいこともある。リードタイムにおける需要量が発注時の在庫数量よりも少ないときには，保管費が余計にかかることになる。発注時の在庫数量を j で表し，リードタイムにおける需要量を u で表し，リードタイムの間在庫を1単位保管するのにかかるコストを C_1 で表すと，余計にかかる保管費は以下の式で表される。

$$C_1(j-u) \qquad j>u である場合$$

リードタイムにおける需要量が発注時の在庫数量よりも多いときには，在庫切れ損失が余計にかかることになる。1単位当たりの在庫切れ損失を C_2 で表すと，余計にかかる在庫切れ損失は以下の式で表される。

$$C_2(u-j) \qquad u>j である場合$$

上記2つのコストは，リードタイムにおける需要量がどのようになるかによって変化する。しかし，リードタイムにおける需要量の確率分布がわかっている場合には，その平均費用を計算することができる。リードタイムにおける需要量の確率密度関数を f(u) で表すと，上記2つのコストの平均費用の合計は，以下の式で表される。

$$平均費用 = C_1 \int_{u=0}^{j}(j-u)f(u)du + C_2 \int_{u=j}^{\infty}(u-j)f(u)du$$

この平均費用を最小化するような j を求めたいので，上式を j で微分してゼロとおき，整理すると以下の式が得られる。

$$\int_{u=0}^{j} f(u)du = \frac{C_2}{C_1+C_2}$$

上式の左辺は在庫切れを起こさない確率を表している。在庫切れ損失が大き

いときには,在庫切れがなるべくないようにしなければならないということである。リードタイムにおける需要量の分布関数をF（u）で表すと,その逆関数を使ってjは以下のように計算される。

$$j = F^{-1}\left(\frac{C_2}{C_1 + C_2}\right)$$

ここで得られたjの水準まで在庫が減ったときに発注するのが経済的であるということになる。

第5節　サプライ・チェーン・マネジメント

　サプライヤーから消費財メーカー,小売店を通って消費者に至る供給の連鎖を効率的に管理しようというのが,サプライ・チェーン・マネジメントである。効率的であるためには,その連鎖上に無駄な在庫がないことが重要である。前節の記述からもわかるように,需要のばらつきが大きいほど在庫切れを防ぐため在庫は多くなりがちである。この需要のばらつきは,小売店から消費財メーカー,サプライヤーへと上流へ行くほど増幅されて伝えられる現象が知られている。

　そのような現象は,ブルウィップ効果（bullwhip effect）と呼ばれている[6]。たとえば定期的な発注が行われ,リードタイムもほぼその期間に等しいケースを考える。小売店は1週間ごとに消費財メーカーへ発注しているとする。小売店は1週間後における需要の状況を予測して発注することになる。この1週間ごとの発注量のばらつきは,小売店での日々の需要量の変化を増幅したものとなる。さらに,消費財メーカーは2週間ごとにサプライヤーへ発注しているとする。消費財メーカーは2週間後における需要の状況を予測して発注することになる。この2週間ごとの発注量のばらつきは,さらに増幅されたものになる。

　小売店における需要の動向についての情報が,サプライヤーにも共有されて

いれば，ブルウィップ効果をある程度抑制できる。そこでサプライ・チェーン・マネジメントは，情報を共有できるようなシステムを構築することを志向する。サプライヤーが小売店における需要の動向についての情報を持つことは，多段階における見積もりを排除することで，サプライヤーの需要予測の精度を高めることにも貢献する。需要予測の精度が向上すれば，余分な在庫を持つ必要性も少なくなり，在庫削減につながる。サプライ・チェーン・マネジメントでは，さまざまなやり方で需要予測の精度を高めることが重要な課題となっている。

　基点在庫方式もブルウィップ効果を抑制する働きをする[7]。基点在庫方式では，エシェロン在庫（echelon stock）を把握する必要がある。エシェロン在庫はその階層から下流に架けてあるすべての在庫の合計量である。サプライヤーにとってのエシェロン在庫は，小売店の在庫と消費財メーカーの在庫と自分の持つ在庫の合計である。エシェロン在庫を把握するためには，情報を共有するためのシステムが整備されていることが必要になる。基点在庫方式は，階層ごとの基点在庫量を決めておき，定期的に基点在庫量からエシェロン在庫を引いた数量を発注する方式である[8]。この方式では，結局，発注間隔における実際の最終需要の数量分だけ各階層で発注することになるので，ブルウィップ効果は発生しないことになる。

[注]

（1）原材料が投入されてから顧客に提供されるまでの時間。
（2）顧客が注文してから商品などが提供されるまでの待ってもらえる時間。
（3）保管費には，倉庫関連の経費のほか，在庫投資額に対する金利を含めることもある。
（4）この場合，発注費は部品の生産を開始するにあたってかかる段取り替えのコストと考えた方がよい。
（5）この節のこれ以降の内容については，統計学に関する教科書などを参照しながら読むことが望ましい。
（6）ブルウィップ効果は，シミュレーションや実例で確認されている。藤野直明『サプラ

イチェーン経営入門』日経文庫, 1999年などを参照。
（7）基点在庫方式については, 大野勝久, 玉置光司, 石垣智徳, 伊藤崇博『Excelによる経営科学』コロナ社, 2005年を参照。
（8）前に発注してまだ納品されていないものがあれば, その分も引いて発注する。

第 9 章
プロダクト・ミックス

第1節　最適プロダクト・ミックス決定問題の位置づけ

　第3章で短期利益計画について述べた。短期利益計画では，次期の目標となる売上高の大枠が決定されることになるが，複数の製品の製造販売を行っている企業であれば，この売上高はいくつかの製品の組み合わせを前提として得られるものである。この製品の組み合わせ（プロダクト・ミックス：product mix）は，過去の実績に将来の状況を加味して見積もるのが一般的であると思われる。しかし，製品の製造販売を行うにあたって制約条件が存在する場合には，上述のようなかたちでプロダクト・ミックスを決定しても最適な利益水準が得られる保証はない。このような制約条件が存在する場合には最適プロダクト・ミックスの決定問題を解くことが必要になってくる。最適プロダクト・ミックスの決定問題は，第7章で扱った関連原価分析の一種と考えることもできるが，特に制約条件が複数存在する場合の解法の解説に紙幅を要することから，ここで改めて取り上げることとしたい。

　実質的制約条件が1つの場合（より正確には，制約となる希少資源が1つ存在する場合），最適プロダクト・ミックスの決定問題を解くことは容易である。このような場合について，次節で扱う。実質的制約条件が複数存在する場合（より正確には，制約となる希少資源が複数存在する場合），最適プロダクト・ミックスの決定問題は，典型的な線形計画問題（Linear Programming）になる。この問題の解法としては，グラフを用いて解く方法やシンプレックス法（simplex method）な

どがある。第3節でグラフを用いた解法,第4節でシンプレックス法による解法を解説する。

第2節　実質的制約条件が1つの場合

　前述のように,実質的制約条件が1つの場合,最適プロダクト・ミックスを決定することは,比較的容易である。実質的制約条件が1つの場合とは,各製品に共通に利用される制約となる希少資源が1つ存在するということを意味している。この場合,制約となる希少資源ができるだけ有効に活用されるようなプロダクト・ミックスを求めなければならない。希少資源を有効活用するということは,その希少資源1単位当たり最も収益性の高い製品を優先して製造販売するということである。設例を用いて以上のことを解説する。

【設例】
　同じ材料から3種類の製品A,B,Cを製造販売しているが,材料の調達可能量が840 kgに制限されているケースを考える。3種類の製品A,B,Cに関する1単位当たりの資料は以下の通りであるものとする。

	製品A	製品B	製品C
販売価格（円）	3,000	2,500	3,800
変動費（円）	1,600	1,300	2,000
限界利益（円）	1,400	1,200	1,800
材料消費数量（kg）	2	3	6

　3種類の製品A,B,Cの予想需要量は,それぞれ150単位,100単位,60単位であるものとする。

　この設例では固定費に関する資料がないが,それはこの問題を考える上で不

必要であるからである。固定費はどのような組み合わせで製品を製造販売しても同じだけかかることになるので、この決定問題においては、無関連原価であることになる。したがって各製品の収益性を判断する基準は限界利益ということになるが、希少資源が存在するので、希少資源1単位当たりの収益性を、判断の基準として用いることになる。この場合、材料の調達可能量に制約があり、それが希少資源となっているので、各製品について材料1kg当たりの限界利益を計算すると以下のようになる。

	製品A	製品B	製品C
限界利益（円）	1,400	1,200	1,800
材料消費数量（kg）	2	3	6
材料1kg当たりの限界利益（円）	700	400	300

このように、希少資源1単位当たりの収益性が最も高いのは、製品Aであり、その次が製品Bで、製品Cは、このなかでは最も収益性が低いということになる。したがって材料は、製品Aから優先的に利用していくことになる。製品Aの予想需要量は150単位であったから、その生産には材料300kgが必要である。材料の調達可能量は840kgであるから、製品Aを生産しても、まだ材料が540kg余ることになる。そこで優先順位2番目の製品Bの生産に材料を利用することになる。製品Bの予想需要量は100単位であったから、その生産には材料300kgが必要である。材料の余りは540kgであったから、製品Bを生産しても、まだ材料が240kg余ることになる。そこで余った材料で、製品Cを生産することになる。製品Cを1単位生産するのに必要な材料は6kgであるから、余った材料240kgで生産可能な製品Cの数量は40単位ということになる。したがってこのケースでは、製品Aを150単位、製品Bを100単位、製品Cを40単位製造販売するのが最適ということになる。このときの限界利益は以下のように計算される。

	製品A	製品B	製品C
生産販売量（単位）	150	100	40
単位当たり限界利益（円）	1,400	1,200	1,800
限界利益（円）	210,000	120,000	72,000

 限界利益の合計は，402,000円であり，材料についての制約の下では，これ以上の限界利益を大きくすることはできない。

第3節　実質的制約条件が複数存在する場合

 実質的制約条件が複数存在する場合とは，各製品に共通に利用される制約となる希少資源が複数存在するということを意味している。この場合，実質的制約条件が1つの場合のように，希少資源1単位当たり最も収益性の高い製品を優先して製造販売するという基準は一般的に使えなくなってしまう。複数の希少資源について，それぞれ1単位当たりの限界利益を計算してみると，優先順位が違ってきてしまうことが考えられる。たとえば前節の設例で，材料の調達可能量の他に機械作業時間が8,000時間に制限されていたとする。各製品についての機械作業時間の資料が以下の通りであったとする。

	製品A	製品B	製品C
機械作業時間（時間）	35	40	30

 この資料に基づいて，機械作業時間1時間当たりの限界利益を計算してみると，以下のような結果が得られる。

	製品A	製品B	製品C
限界利益（円）	1,400	1,200	1,800
機械作業時間（時間）	35	40	30
機械作業時間1時間当たりの限界利益（円）	40	30	60

このように，機械作業時間についてみると，単位当たりの収益性が1番高いのは，製品Cであり，2番目が製品A，3番目が製品Bということになる。これは材料についての単位当たりの収益性の順位と異なるので，どの製品を優先すべきであるのか，以上の計算だけで決めることができない。

実質的制約条件が複数存在する場合は，典型的な線形計画問題である。特に，製品の種類が2種類の場合には，グラフを用いて問題を解くことが可能である。以下の設例を用いてグラフを用いた解法を解説する。

【設例】
同じ材料と機械を使ってから2種類の製品A，Bを製造販売しているが，材料の調達可能量が600kgに制限されていて，機械作業時間は1,500時間に制限されていて，人員作業時間は2,500時間に制限されているケースを考える。2種類の製品A，Bに関する1単位当たりの資料は以下の通りであるものとする。

	製品A	製品B
販売価格（円）	3,000	2,500
変動費（円）	1,600	1,300
限界利益（円）	1,400	1,200
材料消費数量（kg）	2	3
機械作業時間（時間）	3	10
人員作業時間（時間）	10	5

この設例で最適なプロダクト・ミックスを求める問題は，以下のように定式化される。ここで，製品A，製品Bの生産販売量をそれぞれa，bで表し，限界利益をzで表す。

最　大　化　　$z = 1{,}400a + 1{,}200b$
制約条件　　$2a + 3b \leq 600$

$3a + 10b \leq 1,500$

$10a + 5b \leq 2,500$

$a \geq 0$

$b \geq 0$

　一番上の最大化すべき関数は，目的関数と呼ばれるものである。製品A，製品Bの単位当たりの限界利益にそれぞれの生産販売量を掛けて加えれば，全体の限界利益が得られる。この全体の限界利益を最大化すべきであるということである。

　制約条件を表す最初の式は，材料の調達可能量に関する制約を表している。製品A，製品Bの単位当たり材料消費数量にそれぞれの生産販売量を掛けて加えれば，全体の材料消費数量が得られる。この全体の材料消費数量が600kg以下でなければならないことを表している。

　制約条件を表す2番目の式は，機械作業時間に関する制約を表している。製品A，製品Bの単位当たり機械作業時間にそれぞれの生産販売量を掛けて加えれば，全体の機械作業時間が得られる。この全体の機械作業時間が1,500時間以下でなければならないことを表している。

　制約条件を表す3番目の式は，人員作業時間に関する制約を表している。製品A，製品Bの単位当たり人員作業時間にそれぞれの生産販売量を掛けて加えれば，全体の人員作業時間が得られる。この全体の人員作業時間が2,500時間以下でなければならないことを表している。

　制約条件を表す最後の2つの式は，非負条件と呼ばれるものである。マイナスの量を生産販売することはできないので，この条件が必要になる。

　前節の設例にあるように，各製品の予想需要量が見積もられ，それ以上販売できないと見込まれるならば，需要量に関する条件も加える必要があるが，ここではそのことは考えていない。

　横軸に製品Aの生産販売量a，縦軸に製品Bの生産販売量bをとって，制約条件を表す式をグラフに表すと図表9－1のようになる。

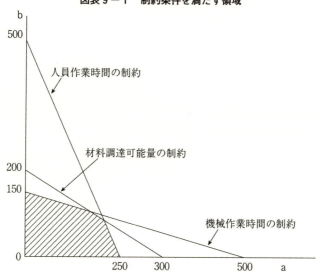

図表9－1　制約条件を満たす領域

　材料の調達可能量に関する制約式を等式と考えて，aをゼロとおけば，bは200になり，bをゼロとおけば，aは300となる。したがってb軸上200の点とa軸上300の点とを結ぶ直線上の点が，材料の調達可能量に関する制約式を等式で満たすことになる。制約式は不等式であったから，制約を満たす点はこの直線の下側の領域となる。機械作業時間に関する制約と人員作業時間に関する制約も同様に図に示すことができる。また，非負条件があるので，これを満たすのは第1象限に限られる。したがってすべての制約条件を満たす領域は，材料の調達可能量に関する制約式を等式で満たす直線と機械作業時間に関する制約式を等式で満たす直線と人員作業時間に関する制約式を等式で満たす直線という3つの直線の下側にある領域の共通部分のうち第1象限にある領域ということになる。これは図表9－1において斜線で表されている領域である。この領域内の点で表される製品Aと製品Bの生産販売量の組み合わせは，すべての制約を満たしており，実行可能である。

　線形計画問題では，すべての制約条件を満たす領域内の点で表される製品Aと製品Bの生産販売量の組み合わせのうち，目的関数の値zを最大化するよう

な組み合わせを求めればよいことになる。目的関数を表す式は以下のように書き換えられる。

$$b = -\frac{1,400}{1,200}a + \frac{1}{1,200}z$$

上の式は，傾きが－1,400／1,200の直線を表している。この傾きの直線を点線で書き入れると図表9－2のようになる。この傾きの直線のうちzの値が大きいのは，縦軸との切片の値が大きなものである。図表9－2に示される点線のうち縦軸との切片が一番大きい直線は，制約条件を満たす領域を通っていないので，実現不可能である。材料の調達可能量に関する制約式を等式で満たす直線と人員作業時間に関する制約式を等式で満たす直線との交点を通る点線は，その交点で制約条件を満たしている。この点線のzの値よりもさらにzの値を大きくして縦軸との切片を上にずらすと，その点線は可能な領域を通らないことになるので，それは実現不可能である。したがって，材料の調達可能量に関する制約式を等式で満たす直線と人員作業時間に関する制約式を等式で満

図表9－2　最適なプロダクト・ミックスを表す点

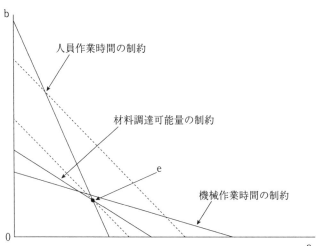

たす直線との交点で表される製品Aと製品Bの生産販売量の組み合わせは実現可能であり，zの値を最も大きくしていることがわかる。

したがって図表9－2の点eにおけるaとbの値をグラフから読み取ることができれば，最適なプロダクト・ミックスが求まることになる。より正確に計算する場合には，材料の調達可能量に関する制約式を等式で満たす直線と人員作業時間に関する制約式を等式で満たす直線との交点の座標を求めればよいのであるから，それぞれの制約式を連立方程式として解けばよいことになる。

$2a + 3b = 600$
$10a + 5b = 2{,}500$

この場合，上記の連立方程式を解くと，以下の解が得られる。

$a = 225 \quad b = 50$

したがって最適なプロダクト・ミックスは，製品Aを225単位，製品Bを50単位それぞれ生産販売するということである。

第4節　シンプレックス法

2種類の製品の最適なプロダクト・ミックスを考える場合には，前節のようにグラフを使うことができる。しかし3種類以上の製品の最適なプロダクト・ミックスを考える場合には，グラフを使うことができなくなってしまう。このような場合にも，最適プロダクト・ミックス決定問題の解答を得るための方法として，シンプレックス法と呼ばれる方法がある。以下では，設例を用いてシンプレックス法の解説を行う。設例は，前節で用いたものをそのまま使う。この設例は，2種類の製品の最適なプロダクト・ミックスを求める問題であり，グラフを使って解答を得ることができた。しかし，2種類の製品の場合も3種類の製品の場合も，シンプレックス法によって解答を得る手続きに大きな違いがあるわけではないので，ここでは同じ設例を使う。

前節の設例の問題は，以下のように定式化された。

　　最　大　化　　$z = 1,400a + 1,200b$
　　制約条件　　　$2a + 3b \leq 600$
　　　　　　　　　$3a + 10b \leq 1,500$
　　　　　　　　　$10a + 5b \leq 2,500$
　　　　　　　　　$a \geq 0$
　　　　　　　　　$b \geq 0$

線形計画問題では，前節のグラフを使った解法からおおよそ理解できるように，最適解は，それぞれの制約式を等号で満たす直線の交点のなかにある。したがって交点の座標をすべて調べていけば，そのなかに目的関数を最大化する製品の組み合わせがあるということになる。

　ところで，この制約式の非負制約以外の制約式にスラック変数（x_1, x_2, x_3）を導入すると，制約式は不等式から等式に変わる。スラック変数は，希少資源の限度となる数量までの余裕がどのくらいあるかを表すことになる。このスラック変数を導入することによって，この問題は，以下のように書き換えられることになる。

　　最　大　化　　$z = 1,400a + 1,200b$
　　制約条件　　　$2a + 3b + x_1 = 600$
　　　　　　　　　$3a + 10b + x_2 = 1,500$
　　　　　　　　　$10a + 5b + x_3 = 2,500$
　　　　　　　　　$a \geq 0$
　　　　　　　　　$b \geq 0$

最初の3つの制約式のうち2つの式を等号で満たす直線の交点では，上の式のスラック変数のうち2つがゼロである。また横軸または縦軸と最初の3つの

制約式のうち1つの式を等号で満たす直線との交点では、aまたはbとスラック変数のうち1つがゼロである。このことから、5つの変数、a, b, x_1, x_2, x_3のうち2つをゼロとおいて連立方程式の解を求めれば、交点の座標が得られることがわかる。5つの変数のうち2つをゼロとおく組み合わせは10通りあるので、この場合、10通りの組み合わせについて連立方程式の解を求め、すべての変数が非負であれば、目的関数の値を計算し、目的関数の値が1番大きくなるものを選べば解が得られる。

シンプレックス法の場合、ゼロとおく変数を置き換えながら、なるべく早く解に到達しようとする[1]。設例のような最適なプロダクト・ミックスを求める問題の場合、最初にそれぞれの生産販売量（この場合、a, b）をゼロとおく。最初の3つの制約式を書き換えると、以下のような式が得られる。

$x_1 = 600 - 2a - 3b$
$x_2 = 1,500 - 3a - 10b$
$x_3 = 2,500 - 10a - 5b$

ここで、aとbはゼロであったから、600, 1,500, 2,500というのは、それぞれスラック変数x_1, x_2, x_3の値であることがわかる。また、目的関数は以下の式で表された。

$z = 1,400a + 1,200b$

やはりaとbはゼロであるので、zもゼロということになる。この解は最適解ではない。というのは、aかbをゼロでなくすれば、限界利益zが増加するからである。そこでaかbとスラック変数のうちの1つとを入れ替えてみる。aとbのどちらをゼロでなくしても限界利益zは増加するが、この場合、係数の値が大きいaをゼロでなくす[2]。最初の制約式でaをゼロでなくし、x_1をゼロにするとaは300ということになる。2番目の制約式でaをゼロでなくし、x_2をゼロにするとaは500ということになる。3番目の制約式でaをゼロでなくし、x_3をゼロにするとaは250ということになる。この場合、3番目の制約

式によって，aは最大でも250までしか増やせないことがわかる。そこで3番目の制約式でaを限度まで増やすと，スラック変数x_3がゼロになる。この入れ替えで，bとx_3がゼロということになる。3番目の制約式を書き換えると次のようになる。

$$a = 250 - \frac{1}{2}b - \frac{1}{10}x_3$$

この式で，bとx_3がゼロであるから，aの値は250である。他の変数も，bとx_3で表せるように，上の式を他の式に代入して整理すると，以下のようになる。

$$x_1 = 100 - 2b + \frac{1}{5}x_3$$

$$x_2 = 750 - \frac{17}{2}b + \frac{3}{10}x_3$$

$$z = 350{,}000 + 500b - 140x_3$$

この解は，まだ最適解ではない。bをゼロでなくすれば，限界利益zが増加するからである。先ほどと同様に，bを最大いくつまで増やせるか計算してみると，スラック変数x_1が入った式で50が限度ということになる。そこで，この式でbを限度まで増やすと，スラック変数x_1がゼロになる。この入れ替えで，x_1とx_3がゼロということになる。この式を書き換えると次のようになる。

$$b = 50 - \frac{1}{2}x_1 + \frac{1}{10}x_3$$

この式で，x_1とx_3がゼロであるから，bの値は50である。他の変数も，x_1とx_3で表せるように，上の式を他の式に代入して整理すると，以下のようになる。

$$a = 225 + \frac{1}{4}x_1 - \frac{3}{20}x_3$$

$$x_2 = 325 + \frac{17}{4}x_1 - \frac{11}{20}x_3$$

$$z = 375{,}000 - 250x_1 - 90x_3$$

この解は最適解である。それは，x_1とx_3をゼロでなくしても限界利益zは増加しないので，この場合，x_1とx_3をゼロにしておいた方がよいということだからである。したがって最適なプロダクト・ミックスは，製品Aを225単位，製品Bを50単位生産販売することであり，このとき機械時間が325時間余り，限界利益が375,000になることがわかる。この過程を表にまとめたのが，図表9－3のようなシンプレックス表である。各式の番号は，右に書いてある。また2回にわたる変数の入れ替えでどのような計算を行うかは，その右に書いてある。変数を入れ替える式のこれからゼロでなくなる変数の係数をピボットという。ここでは，ピボットに＊をつけている。θはゼロでなくす変数を最大限いくらまで増やせるか計算したものである。具体的には，ゼロでなくそうとする変数の係数でその式の定数項を割って求める。

図表9－3　シンプレックス表

基底	値	a	b	x_1	x_2	x_3	θi	番号	計算
x_1	600	2	3	1			300	①	
x_2	1,500	3	10		1		500	②	
x_3	2,500	10*	5			1	250	③	
z	0	−1,400	−1,200					④	
x_1	100		2 *	1		−1/5	50	⑤	①−⑦×2
x_2	750		17/2		1	−3/10	1,500/17	⑥	②−⑦×3
a	250	1	1/2			1/10	500	⑦	③÷10
z	350,000		−500			140		⑧	④+⑦×1,400
b	50		1	1/2		−1/10		⑨	⑤÷2
x_2	325			−17/4	1	11/20		⑩	⑥−⑨×17/2
a	225	1		−1/4		3/20		⑪	⑦−⑨×1/2
z	375,000			250		90		⑫	⑧+⑨×500

シンプレックス法では，定数項だけが右辺にある式で統一するため，最初に目的関数を次のように変形して点線の下に書いてある。

$$z - 1{,}400a - 1{,}200b = 0$$

この式で，マイナスの係数を持つ変数が存在する場合には，まだ解を改善できるということになる。また，zは入れ替えられることもなく，計算によって係数の値が変わることもないので，その係数は省略してある。

シンプレックス表での計算は，ピボットが決まったら，その値でその式全体を割って，係数を1にする。あとは，ゼロでなくすことにした変数を他の式から掃き出す計算をすればよい。最終的に，点線の下の係数が全部プラスになっていれば，最適解に到達していることになる。この場合は，最終的に，次のような式が得られた。

$$z + 250x_1 + 90x_3 = 375{,}000 \quad \text{あるいは} \quad z = 375{,}000 - 250x_1 - 90x_3$$

上式から，x_1 がゼロでなく1になるならば（つまり，材料を1kg余らせるならば），限界利益は，250円減少することがわかる。したがって，材料をもう1kg余計に調達できるならば，限界利益は250円増加することになる。この係数の値は，制約を1単位緩めることができる場合，プレミアムをいくらまで払ってよいかを示しており，シャドウ・プライス (shadow price) と呼ばれる。このシャドウ・プライスの情報が，解を計算すると同時に得られることは，シンプレックス法の利点の1つである。

[注]

(1) ゼロとおく変数を非基底変数，それ以外の変数を基底変数と呼ぶ。
(2) 他の基準で変数を選ぶ場合もある。詳しくは，金谷健一『これなら分かる最適化数学』共立出版，2005年などを参照。

第10章
標準原価計算

第1節　標準原価計算の概要

　標準原価計算は，実際原価計算と対を成す概念である。原価計算基準では，実際原価について次のように記述されている。「実際原価（actual cost）とは，財貨の実際消費量をもって計算した原価をいう」。一方，標準原価計算については，次のように記述されている。「標準原価（standard cost）とは，財貨の消費量を科学的，統計的調査に基づいて能率の尺度となるように予定し，かつ，予定価格又は正常価格をもって計算した原価をいう」。このように標準原価の計算では，能率の尺度となるように予定された財貨の標準的消費量を使って計算するところに特徴がある。実際に，標準的消費量が消費されるとは限らないので，一般的に，標準原価と実際原価とは相違することになる。標準原価計算制度を採用している場合，必要な計算段階で，実際原価を計算し，標準原価との差異を分析し報告することが予定されている。能率の尺度となるように予定された財貨の標準的消費量よりも実際の消費量が多い場合には，どこかに不能率な部分があるということになるので，原因が究明され，是正措置がとられることになる。このような一連の活動が予定されているので，標準原価計算の主要な目的は，原価管理にあると考えられる。近年，工場ではFA化が進展し，継続的な改善活動が重視されるようになってきていることなどから，原価管理目的での標準原価計算の有用性は，相対的に低下傾向にあることが指摘されている[1]。標準原価計算には，棚卸資産評価などの財務諸表作成目的もある。標

準原価と実際原価との差異があまり大きくない場合には，期末の棚卸資産の評価額は標準原価で計算されることになる。標準原価は，異常な状況を原因として発生するようなコストを一切含まない原価であるので，実際原価に比べて真の原価に近いのではないかという指摘もある。この他に，実際消費量を把握するのに時間がかかるような場合，標準原価計算には，製品元帳への記帳が迅速化されるという利点があることも指摘される。

　標準原価は，その厳格度などによっていくつかの種類に分けられる。まず，理想標準原価について，原価計算基準では，次のように記述されている。「理想標準原価とは，技術的に達成可能な最大操業度のもとにおいて，最高能率を表わす最低の原価をいい，財貨の消費における減損，仕損，遊休時間等に対する余裕率を許容しない理想的水準における標準原価である」。また，原価計算基準は，理想標準原価は制度としての標準原価ではないとしている。これは，理想標準原価の実現可能性は低いので，財務諸表作成目的や原価管理目的に適さないということを配慮したものと考えられる。理想標準原価は，減損，仕損，遊休時間等に対する余裕率を考慮に入れて，実現可能性がある標準原価を考える上での基準になるようなものと考えられる。

　次に，現実的標準原価について，原価計算基準では，次のように記述されている。「現実的標準原価とは，良好な能率のもとにおいて，その達成が期待されうる標準原価をいい，通常生ずると認められる程度の減損，仕損，遊休時間等の余裕率を含む原価であり，かつ，比較的短期における予定操業度および予定価格を前提として決定され，これら諸条件の変化に伴い，しばしば改訂される標準原価である」。現実的標準原価は，努力しだいで達成可能な水準に設定されたものであるので，達成目標として望ましいものと考えられる。したがって現実的標準原価は，原価管理目的に適したものとされる。

　正常原価について，原価計算基準では，次のように記述されている。「正常原価とは，経営における異常な状態を排除し，経営活動に関する比較的長期にわたる過去の実際数値を統計的に平準化し，これに将来のすう勢を加味した正常能率，正常操業度および正常価格に基づいて決定される原価をいう」。ここ

で正常とは，比較的長期にわたる過去の数値の平均をベースにしているということで，将来のすう勢を大幅に考慮しなければならないような状況でなければ，異常な状況の入り込む余地の少ない原価を計算できる可能性がある。このため，正常原価は，棚卸資産価額の算定に適したものとされる。

そして予定原価について，原価計算基準では，次のように記述されている。「予定原価とは，将来における財貨の予定消費量と予定価格とをもって計算した原価をいう」。ここで予定とは，比較的短期の期間についての予想されるものということである。予算は，通常，1年以内の短期の期間についての予想をベースに設定されることになるので，予定原価は，予算の編成に適したものとされる。しかし，正常原価についても将来のすう勢が考慮されるので，予定原価と正常原価が実質的に大きく異なるというようなことは，あまり考えなくてもよいと思われる。

このように標準原価には，いくつかの種類があるが，原価管理目的ということを中心に考えれば，現実的標準原価が適切なものといえる。

第2節　標準原価計算のプロセス

標準原価計算では，まず，製品1単位当たりの標準原価を決めなければならない。製品1単位当たりの標準原価のことを，通常，原価標準（cost standard）と呼んでいる。規格品の連続生産を行っているような生産形態で，標準原価といった場合には，通常，原価計算期間の標準原価のことを指している。つまり，仕掛品を無視すれば，原価計算期間の生産数量に原価標準を掛けたものを標準原価と呼んでいる。原価標準は，統計的調査に基づいて能率の尺度となるように予定しなければならない。たとえば，製品1単位当たりの作業時間については，動作研究，時間研究といった手法を利用して設定されることになる。現実的標準原価の場合には，通常生ずると認められる程度の減損，仕損，遊休時間等の余裕率を考慮して，原価標準は設定されることになる。同じ作業を繰り返し行っていると，習熟効果によって，作業時間がだんだん短くなっていく

ことが,経験則として知られている。このようなことも考慮に入れて,原価標準は,あまりコスト高にならないような可能な頻度で改訂することが必要であろう。原価標準は,直接材料費,直接労務費,製造間接費に分けて設定される。直接材料費は,標準価格×標準消費量というかたちで設定され,直接労務費は標準賃率×標準作業時間というかたちで設定され,そして製造間接費は標準配賦率×標準配賦基準というかたちで設定される。標準配賦基準は,作業時間の場合が多い。原価標準は,図表10－1のような標準原価カード（standard cost card）にまとめて記入される。

図表10－1　標準原価カード

	標準原価カード		製品A－1	
直接材料費	材　　料 A	標準消費数量 3 kg	標準価格 ＠¥500	金額 ¥1,500
直接労務費	作　　業 切削加工	標準作業時間 5時間	標準賃率 ＠¥900	¥4,500
製造間接費	配賦基準 直接作業時間	標準作業時間 5時間	標準配賦率 ＠¥30	¥150
原 価 標 準				¥6,150

この例では,単純化するため,1種類の材料と1種類の作業のケースを示してあるが,実際には,数種類の材料や作業が必要であると考えられ,標準原価カードは,材料や作業の種類ごとに細かく記入されることになる。材料の標準消費数量と標準作業時間は,製品1単位当たりどのぐらいの数量になるかを統計的調査に基づいて能率の尺度となるように予定することになる。そして単価は,予定価格や予定賃率などを用いて原価標準を計算する。一方,製造間接費については,最初から,製品1単位当たりの金額を予定するというかたちで設定されるわけではない。製造間接費については,まず,一定期間についての予

算額を求め，これをもとにして製品1単位当たりの配賦額を決定することになる。製品1単位当たりの配賦額は，製品1単位当たりの標準配賦基準の数量に標準配賦率を掛けて求めることになる。配賦基準としては，直接作業時間や機械時間などが用いられる。標準配賦率は，予算期間の製造間接費予算額を基準操業度で割って求めることになる。基準操業度としては，予算期間の販売動向の予測を織り込んだ予定生産量に基づく予定操業度，あるいは長期的な過去の平均操業度をベースにした正常操業度などが用いられることになる。製造間接費予算額は，基準操業度における予算額を一定の固定額として設定することもできる。しかし，製造間接費の管理という面から考えると，固定予算では，操業水準が基準操業度と違った場合，管理状況の良し悪しを判断することが難しくなる。したがって，製造間接費予算額は，変動予算として設定されることが望ましいであろう。変動予算の設定方法として，各種の方法が考えられるが，公式法変動予算では，以下の式にしたがい製造間接費予算額を求めることになる。

製造間接費予算額＝単位変動製造間接費×基準操業度＋固定製造間接費

たとえば，予定単位変動製造間接費が直接作業時間1時間当たり¥20で，基準操業度が120,000時間で，固定製造間接費予算額が¥1,200,000である場合，製造間接費予算額は以下のように計算される。

製造間接費予算額＝¥20 × 120,000 h ＋¥1,200,000 ＝¥3,600,000

製造間接費予算額を基準操業度で割ると，標準配賦率が以下のように計算される。

標準配賦率＝¥3,600,000 ÷ 120,000 h ＝ 30円／時間

標準原価カードが作成されると，原価計算期間中に製品が製造されることになるが，原価計算期間中の生産量に基づきその期間の標準原価が計算される。そして，同じ期間の実際原価も計算され，標準原価と実際原価との差異分析が

行われる。多額の差異が発生したような場合には、さらに詳しくその発生原因が調査され、必要な是正措置がとられることになる。財務諸表作成目的でも標準原価計算を利用している場合には、年度末に集計された原価差異につき必要な会計処理をしなければならない。本書では、原価管理目的と中心に扱うので、会計処理については扱わない。

第3節　原価差異分析

原価計算期間の標準原価と同期間の実際原価がまったく同じになることは、通常、考えられないので、多少なりとも原価差異は発生する。原価差異はさまざまな原因で発生し、標準のデータと実際のデータを使って分析するだけでは、原価差異発生の詳しい原因まで把握することは難しい。しかし、原価差異を大まかに分類することは、標準のデータと実際のデータが得られれば可能である。このような分類でも、差異の発生原因がどの辺りにあるのか想像がつくこともあると考えられ、また、さらにどのような調査を行うべきかを検討するうえでも参考になると考えられる。一般に、標準のデータと実際のデータを使った原価差異分析（cost variance analysis）は、原価差異を以下のように分解する。

直接材料費差異　　価格差異
　　　　　　　　　数量差異

直接労務費差異　　賃率差異
　　　　　　　　　作業時間差異

製造間接費配賦差異　予算差異
　　　　　　　　　　能率差異
　　　　　　　　　　操業度差異

まず，直接材料費差異から見ていくことにする。直接材料費差異は標準直接材料費から実際直接材料費を差し引いて計算することになる。前節の標準原価カードの例を用いて原価計算期間の標準直接材料費を計算してみることにする。原価計算期間における生産量が1,000単位で，期首と期末に仕掛品はないとすると，原価計算期間の標準直接材料費は，以下のように計算できる。

標準直接材料費＝標準価格×標準消費量
　　　　　　　＝¥500 ×（3 kg × 1,000 単位）＝¥1,500,000

実際の単価が¥510で，実際の材料消費量が3,200kgであったとすると，実際の直接材料費は次のようになる。

実際直接材料費＝実際価格×実際消費量
　　　　　　　＝¥510 × 3,200kg ＝¥1,632,000

したがって，直接材料費差異は，以下のように計算される。

直接材料費差異＝標準直接材料費－実際直接材料費
　　　　　　　＝¥1,500,000 －¥1,632,000 ＝－¥132,000

この場合，直接材料費差異がマイナスになっているが，これは標準直接材料費よりも実際直接材料費の方が多くかかったということであるから，不利差異が発生していることになる。反対に，この数値がプラスになった場合には，有利差異が発生しているという。この直接材料費差異を価格差異と数量差異とに分解することになるが，それを計算式で示すと以下のようになる。

価格差異＝（標準価格－実際価格）×実際消費数量
数量差異＝標準価格×（標準消費数量－実際消費数量）

価格差異は，標準価格と実際価格との差に実際消費量を掛けて計算しているのに対して，数量差異は，標準消費量と実際消費量との差に標準価格を掛けて計算している。価格差異は，製造現場で管理することは難しいが，数量差異は

製造現場である程度管理できると期待される。このため製造現場では，数量差異がどの程度の大きさかが，管理状況の良し悪しを判断する上で重視されることになる。そのため数量差異の計算に，実際の価格の変動の影響が及ばないような式になっている。また，価格差異も標準消費量を使って計算してしまうと，直接材料費差異を価格差異と数量差異とにうまく分解することができない。そこで上記のような計算式になっている。この関係を図で示すと，図表10－2のようになる。

図表10－2　直接材料費差異の分解

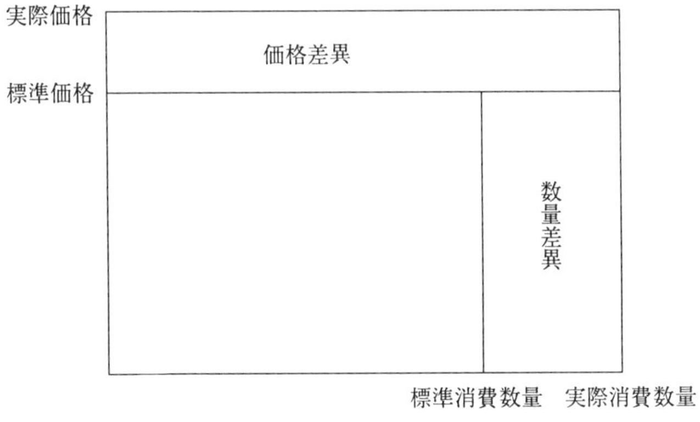

前節の標準原価カードの例を用いて，価格差異と数量差異を計算してみると以下のようになる。

　　価格差異＝（¥500 － ¥510）× 3,200kg ＝－¥32,000
　　数量差異＝¥500 ×（3,000kg － 3,200kg）＝－¥100,000

　この場合，価格差異も数量差異も不利差異であるが，数量差異の大きさが目立つ。数量差異は歩留まりが予定より悪い場合などに不利差異となる。そして，許容範囲を超えるような不利差異が出た場合には，さらに詳細に原因が分析され，是正措置がとられることになる。このように，標準のデータと実際の

データを使った原価差異分析から，原価差異発生の詳細な原因を把握することは難しいが，必要な措置がとられるべきであるか否かについて注意喚起は促される。

次に，直接労務費差異をみていくことにする。直接労務費差異は標準直接労務費から実際直接労務費を差し引いて計算することになる。前節の標準原価カードの例を用いて原価計算期間の標準直接労務費を計算してみることにする。原価計算期間における生産量が1,000単位で，期首と期末に仕掛品はないとすると，原価計算期間の標準直接労務費は，以下のように計算できる。

$$標準直接労務費＝標準賃率×標準作業時間$$
$$＝¥900×(5h×1,000単位)＝¥4,500,000$$

実際の賃率が¥910で，実際の作業時間が5,300時間であったとすると，実際の直接労務費は次のようになる。

$$実際直接労務費＝実際賃率×実際作業時間$$
$$＝¥910×5,300h＝¥4,823,000$$

したがって，直接労務費差異は，以下のように計算される。

$$直接労務費差異＝標準直接労務費－実際直接労務費$$
$$＝¥4,500,000－¥4,823,000＝－¥323,000$$

この場合，直接労務費差異がマイナスになっているが，これは標準直接労務費よりも実際直接労務費の方が多くかかったということであるから，不利差異が発生していることになる。反対に，この数値がプラスになった場合には，有利差異が発生しているという。この直接労務費差異を賃率差異と作業時間差異とに分解することになるが，それを計算式で示すと以下のようになる。

$$賃率差異＝(標準賃率－実際賃率)×実際作業時間$$
$$作業時間差異＝標準賃率×(標準作業時間－実際作業時間)$$

賃率差異は，標準賃率と実際賃率との差に実際作業時間を掛けて計算しているのに対して，作業時間差異は，標準作業時間と実際作業時間との差に標準賃率を掛けて計算している。賃率差異は，製造現場で管理することは難しいが，作業時間差異は製造現場である程度管理できると期待される。このため製造現場では，作業時間差異がどの程度の大きさかが，管理状況の良し悪しを判断する上で重視されることになる。そのため作業時間差異の計算に，実際の賃率の変動の影響が及ばないような式になっている。また，賃率差異も標準作業時間を使って計算してしまうと，直接労務費差異を賃率差異と作業時間差異とにうまく分解することができない。そこで上記のような計算式になっている。この関係を図で示すと，図表10－3のようになる。

図表10－3　直接労務費差異の分解

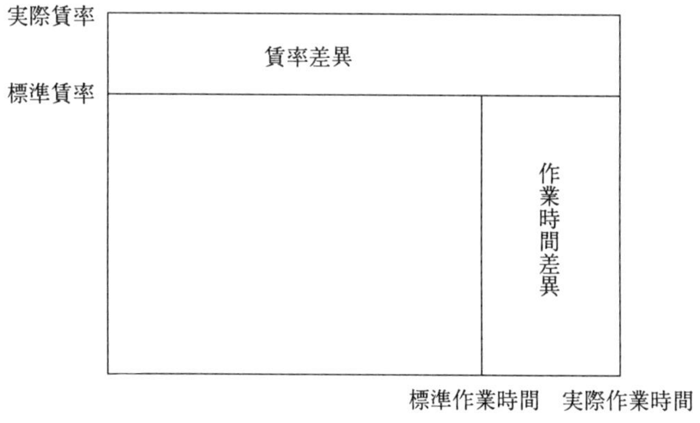

前節の標準原価カードの例を用いて，賃率差異と作業時間差異を計算してみると以下のようになる。

賃率差異＝(￥900 －￥910)× 5,300h ＝－￥53,000
作業時間差異＝￥900 ×(5,000h － 5,300h)＝－￥270,000

この場合，賃率差異も作業時間差異も不利差異であるが，作業時間差異の大

きさが目立つ。作業時間差異は不適当な作業等級の作業者を使用した場合などに不利差異となる。許容範囲を超えるような不利差異が出た場合には、さらに詳細な原因が分析され、是正措置がとられることになるのは、直接材料費差異の場合と同様である。

次に、製造間接費配賦差異についてみていくことにする。製造間接費の標準配賦額は、予算期間の製造間接費予算をベースにして計算されることになる。原価計算期間は通常1カ月とされる場合が多いが、予算期間は操業水準の季節変動の影響を避けるため1年とされることもある。製造間接費差異を1カ月ごとに計算する場合には、期間1年の予算のデータを12で割っておく必要がある。製造間接費配賦差異の計算方法にはさまざまなやり方が考えられるが、ここでは公式法変動予算を設定している場合の一般的な差異分析方法について、前節の標準原価カードの例を利用して解説する。

まず、期間1年の製造間接費予算のデータを12で割って、1カ月のデータに直すと、以下のようになる。

基準操業度＝120,000h ÷ 12 ＝ 10,000 時間
固　定　費＝¥1,200,000 ÷ 12 ＝ ¥100,000
標準配賦率＝(¥20 × 10,000h ＋ ¥100,000) ÷ 10,000h ＝ 30 円／時間

そして1カ月の原価計算期間の標準作業時間は、標準原価カードの製品Aについては、作業時間差異のところでみたように5,000時間であるが、他の種類の製品も生産されている場合には、その標準作業時間も足して考える必要がある。この場合、標準作業時間は、全部で9,000時間であったとする。そして、実際作業時間は9,100時間であり、製造間接費の実際発生額は¥310,000であったとする。

製造間接費配賦差異は標準作業時間で製品に配賦された製造間接費配賦額と製造間接費実際発生額との差で以下のように計算される。

製造間接費配賦差異＝¥30 × 9,000h － ¥310,000 ＝ －¥40,000

製造間接費実際発生額の方が大きくてマイナスになったので，不利差異ということになる。製造間接費配賦差異は，4分法では，以下の4つに分解される。これを図示すると図表10－4のようになる。

予算差異＝実際作業時間の予算許容額－製造間接費実際発生額
変動費能率差異＝変動費率×（標準作業時間－実際作業時間）
固定費能率差異＝固定費率×（標準作業時間－実際作業時間）
操業度差異＝固定費率×（実際作業時間－基準操業度）

ここで，

実際作業時間の予算許容額＝変動費配賦率×実際作業時間＋
　　　　　　　　　　　　　固定製造間接費予算額
変動費率＝予定単位変動製造間接費
固定費率＝固定製造間接費予算額÷基準操業度

図表10－4　製造間接費配賦差異の分解

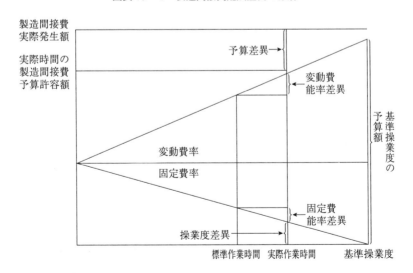

設例について，具体的な計算をしてみると以下のようになる。

予 算 差 異＝￥20 × 9,100h ＋￥100,000 －￥310,000 ＝－￥28,000
変動費能率差異＝￥20 ×(9,000h － 9,100h)＝－￥2,000
固定費能率差異＝￥10 ×(9,000h － 9100h)＝－￥1,000
操業度差異＝￥10 ×(9,100h － 10,000h)＝－9,000

　この場合，予算差異は実際作業時間における予算をオーバーした金額を表す。操業度差異は，操業水準が基準操業度に満たなかったため生じた固定費の配賦漏れを表す。操業水準に季節変動がある場合には，年間を通してみると，操業度差異は相殺される可能性がある。能率差異は，標準作業時間と実際作業時間の差によって計算されるもので能率の良し悪しを表すと考えられるが，固定費については実際の作業時間がどのようになっても一定額が発生するはずであり，能率の良し悪しとはあまり関係ないと考えられる。このため，固定費能率差異と操業度差異とをまとめて操業度差異とする3分法が一般的であろう[2]。3分法の計算を示すと，以下の通りである。

予 算 差 異＝￥20 × 9,100h ＋￥100,000 －￥310,000 ＝－￥28,000
能 率 差 異＝￥20 ×(9,000h － 9,100h)＝－￥2,000
操業度差異＝￥10 ×(9,000h － 10,000h)＝－10,000

　許容範囲を超えるような不利差異が出た場合には，さらに詳細な原因が分析され，是正措置がとられることになるのは，直接材料費差異と直接労務費差異の場合と同様である。

[注]

（1）加登豊，李建『ケースブック　コストマネジメント』新世社，2001年などを参照。
（2）3分法には，この他に変動費能率差異と固定費能率差異とをまとめて能率差異とするものもある。

第11章
部門業績評価

第1節　分権的組織

　生産，販売というような職能ごとに部門を形成する職能別部門組織は，今日でも多くみられる組織形態であり，職能ごとの効率性を高める上でも好ましい面を持っているとされている。しかし，組織が成長し，規模が大きくなってくると，職能別部門組織では，職能ごとの部門は，その職能についての権限しか持っていないため，問題に迅速に対応することが困難になるなどの問題点が出てくることになる。そのような問題点を克服する観点から，各部門に権限を大幅に委譲した事業部制などの分権的組織が，規模の拡大した企業では多くみられるようになる。

　どのような組織においても，何らかの権限は下位の部門に委譲されている。分権的組織といった場合には，生産，販売といった特定の職能についてだけでなく，包括的に権限が委譲されている組織のことを指している。職能別部門組織では，製造部門などは原価の発生について責任を持つ単位であるコスト・センター（cost center）として扱われる。一方，分権的組織では，各事業部門は，包括的に権限が委譲されているので，利益について責任を持つ単位であるプロフィット・センター（profit center）として扱われることになる。分権的組織でも，各事業部門に投資の権限を委譲していない場合もある。各事業部門に投資の権限も委譲し，各事業部門が，投資に見合う利益を得ているかどうかについて責任を持つインベストメント・センター（investment center）として扱われる

ようになった場合，事業部門の独立性は高まる。

分権的組織といえば，事業部制組織が典型的なものであるが，事業部制組織には，製品別事業部制，地域別事業部制，顧客別事業部制といった各種のものがある。製品別事業部制は製品別に事業部門を形成する組織形態であり，市場の反応を製品の開発，生産に迅速に反映させることなどが期待される。地域別事業部制は地域ごとに事業部門を形成する組織形態であり，地域の特性に合う事業展開が可能になると期待される。顧客別事業部制は，官庁や民間といった顧客のグループ別に事業部門を形成する組織形態であり，顧客の要求事項に適切に対処することが期待される。

本来，事業部制組織では，各事業部門に生産，販売といった特定の職能についてだけでなく，包括的に権限が委譲されているはずであるが，わが国においては，製造部門が販売部門に，製品を内部で決めた価格で売るものとして，各部門を計算上プロフィット・センターとして扱うような組織形態を事業部制組織といっている場合もある[1]。このような組織形態は，組織構成員に利益を獲得するのだという意識を植え付ける上では有効かもしれないが，市場の反応を製品の開発，生産に迅速に反映させることなどは，あまり期待できるような組織形態とはいえないであろう。その意味で，事業部制組織の本来の趣旨からいって，わが国においてはみられるものの，このような組織形態は，特殊なものと考えた方がよいのかもしれない。

事業部制に似たものとして，持株会社がある。持株会社は，子会社の株式を過半数所有して，支配する会社である。持株会社には，自らも事業を行う事業持株会社と，自らは事業を行わない純粋持株会社がある。わが国では，1997年の独占禁止法改正によって，純粋持株会社が解禁された。純粋持株会社の場合，傘下の各子会社は，事業部制組織の各事業部に対応することになる。不採算事業の売却などは，事業部制組織よりも純粋持株会社の方が機動的に行えると考えられる。

前述の通り，分権的組織では，各事業部門は，包括的に権限が委譲されている。それで，各事業部門は，委譲された権限を有効に行使し，成果を上げてい

るか評価されることになる。各事業部門の業績評価を行うための指標としては，各種のものが提唱されている。ただ，分権的組織である以上，各事業部門は少なくとも利益については責任を負っていると考えられる。次節では，各事業部門の損益計算についてみていくことにする。

第2節　事業部門の損益計算

　分権的組織の代表として事業部制組織を取り上げ，各事業部の損益計算を考える。各事業部の損益計算を考える上では，事業部長の業績評価目的と事業部の業績評価目的を分けて考えるべきであるとされている。ここで事業部長の業績評価とは，事業部長の事業部経営の巧拙を評価し，その報酬決定や昇進の判断材料にしようとするものである。一方，事業部の業績評価とは，その事業部を存続させる価値があるのか，それとも廃止または縮小すべきなのかといった問題の判断材料とするための業績評価である。

　事業部長の業績評価を行う場合には，責任会計の考え方が重視される。責任会計の思想の根底にあるのが，管理可能性原則である。管理可能性原則では，評価される管理者が管理できない要素は，その管理者の業績評価になるべく影響を与えないように考える。ある管理者にとって管理可能な要素であるか否かは，管理者の地位によっても異なる。下位の管理者には管理不能な要素であっても，上位の管理者にとっては管理可能な場合がある。また，短期間では管理不能な要素であっても，長期的にみれば管理可能な場合がある。この管理可能性原則は，考え方としては非常にわかりやすいものであるが，通常，管理可能とされる会計数値にも，環境条件など管理者の管理不能な要素が入り込むことが考えられる。管理者の業績評価を，その管理者に管理可能な要素のみで行うことは困難であるかもしれないが，なるべく管理者の管理不能な要素が入り込まないように考えることは重要であろう。

　このような管理可能性原則も考慮に入れて，西澤は図表11－1のような部門別損益計算書の雛形を提示している[2]。

図表11-1　部門別損益計算書

		事業部A	事業部B	本　社	全　社
①	売上高	×××	×××		×××
②	変動費	×××	×××		×××
③	売上差益①-②	×××	×××		×××
④	管理可能費	×××	×××	(×××)	×××
⑤	管理可能利益③-④	×××	×××		×××
⑥	設備費	×××	×××	(×××)	×××
⑦	事業部利益⑤-⑥	×××	×××		×××
⑧	共通本社費			×××	×××
⑨	経常利益⑦-⑧				×××

又は営業利益（費用に金融費用が含まれない場合）

注：括弧内の数値は横計に加算しない。
（出所）西澤脩（1975）p.81をもとに一部変更。

　この部門別損益計算書で，事業部長の業績を評価するためには⑤管理可能利益が適しており，事業部の業績を評価するためには⑦事業部利益が適しているとされる。ここで設備費は，固定資産の減価償却費などが主なものと考えられる。設備投資の権限を事業部長が持っている場合には，管理可能性原則を考慮すると，管理可能利益の計算に設備費も入れてよいのではないかということも考えられる。一方，事業部長在任中に使用している設備の投資決定をすべて行うことが少ないならば，この表のような計算でよいということも考えられる。また，この表では，共通本社費を全社の利益から差し引く計算をしており，個々の事業部に共通本社費を負担させることをしていない。共通本社費には，事業部長によって管理不能な要素が多く含まれていると考えられるので，事業部に共通本社費を負担させないのは，管理可能性原則からみても妥当であろう。しかし，共通本社費を各事業部に配賦して事業部利益を計算するタイプの部門別損益計算書もある。

　部門別損益計算書を作成する上で，特に検討する必要がある事項として，事業部間での財・サービスのやり取りに関する振替価格の問題，共通本社費の配賦の問題，事業部で使用している資産について発生する金利を事業部に負担さ

せるかどうかといった社内金利の問題などがある。以下ではそれぞれの問題について検討していく。

第3節　振替価格

　事業部間での財・サービスのやり取りが行われる場合，それぞれの事業部の利益を計算するためには，財・サービスを提供する事業部では，その財・サービスの売上が計上されなければならない。また，財・サービスを受け入れる事業部では，受け入れた財・サービスの消費分を費用として計上しなければならない。このような計算をするために，会社内部の独立部門間で取引される財・サービスについてつけられる価格が振替価格（transfer price）である。

　主な振替価格の決め方には，大きく分けて2種類ある。1つは原価をベースに利益を加算して決める方法で，もう1つは市価をベースに決める方法である。原価だけを基にして振替価格を決めることも考えられないわけではないが，事業部制では，各事業部はプロフィット・センターであるので，供給事業部に利益の出ない価格で財・サービスを提供させるのは，本来の事業部制の趣旨に反するであろう。

　原価をベースに利益を加算して振替価格を決める方法にも，いくつかの種類がある。まず，ベースとなる原価について，実際原価を利用する場合と標準原価を利用する場合が考えられる。さらに加算する利益について，一定額を加算する方法と一定率を加算する方法とが考えられる。一定率を加算する方法は，原価が大きい方が利益も大きくなるので好ましくないとも考えられるが，一定額を加算する場合にも，1単位当たりの原価の大きさを無視して，どの財・サービスにも同じ一定額を加算するというわけではないであろう。その意味では，一定額の利益を決めるときに，原価に対してどのぐらいの割合の金額であるかは，考慮されることも考えられる。

　市価をベースに振替価格を決める場合，事業部間でやり取りされる財・サービスの市価が入手可能でなければならない。事業部間でやり取りされる財・

サービスを企業外部にも販売している場合には，市価を入手することは比較的容易であるが，そうでない場合には，類似製品の市価などを参考にして決めることになる。また，市価をベースに振替価格を決める場合，市価をそのまま振替価格として使うのではなく，企業外部に販売したときにだけ発生すると考えられる販売費，管理費を差し引いた金額になるように調整をすることも考えられる。市価が入手可能で，各事業部への権限の委譲が高度に進んでいるような場合には，市価ベースの振替価格は望ましいものと考えられている。もし供給事業部に企業内部の需要事業部へ財・サービスを提供する義務が課せられていないならば，市価ベースの振替価格によって，供給事業部は企業外部に売っていれば得られたであろう利益を失うことがない。また需要事業部に供給事業部から財・サービスを受け入れなければならないという義務が課せられていないならば，市価ベースの振替価格によって，需要事業部は企業外部から調達したときに得られたであろうコスト削減による利益を失うことがない。

　振替価格については，上記のほかにもさまざまな方法が提唱されている。また振替価格について，モデルによる分析なども行われているが，実務にそれほど大きなインパクトを与えることはないようである[3]。

第4節　共通費の配賦

　第2節で述べたように，共通本社費には，事業部長によって管理不能な要素が多く含まれていると考えられるので，事業部に共通費を配賦しない方がよいという見解も成立する。なお，西澤は，適切な配賦基準が得られず，恣意的に配賦するより仕方がないような本社費を共通本社費と呼んでいる[4]。ここでは，部門ごとに直接把握されないような費用全般を共通費と呼んで，その配賦問題について検討する。

　ここでは共通費を広義に考えているので，共通費には，事業部が利用する本社提供のサービスの利用水準に比例して発生するような費用もあるであろう。このような費用を，各事業部のサービス利用水準に応じて按分負担させるよう

なことがなければ，各事業部は負担がないので，必要以上にサービスを利用してしまうというようなことも考えられる。このような費用については，各事業部のサービスの利用水準と関連するデータを配賦基準として用いて，各部門に配賦することが望ましいであろう。

一方，全社的な管理のための費用は，各事業部の活動とはかかわりなく一定額発生するようなものが多くを占めていると考えられる。このような費用を各事業部に配賦しようとする場合には，人数などの規模を基準に配賦するか，利益などの負担能力を基準に配賦することになるであろう。もし，利益を配賦基準として用いるならば，利益の大きい事業部ほど多額の費用配賦をされることになる。これでは，利益を上げることに対するペナルティという感じになってしまうので，好ましくないと考えられる。

一般的にいって，適切な配賦基準が得られるような場合には，配賦をするのがよいであろうし，適切な配賦基準が得られないような場合には，配賦をしない方がよいであろう。配賦基準には，ここで取り上げたようなものの他に，協力ゲームの概念であるシャープレイ値を利用するものなどもあるが，あまり実用的ではないかもしれない[5]。

一般論は，上述の通りであるが，Zimmerman は，適切な配賦基準が得られないような場合でも，配賦した方が望ましいことがありえることを示唆している[6]。この一部を，以下で紹介する。

事業部長が，金銭的報酬だけでなく，役得のような非金銭的報酬にも効用を見出す場合を考える。非金銭的報酬としては，オフィスの豪華さや秘書の数などがある。金銭的報酬については事業部の利益に連動しているものとする。この場合，会社全体としては事業部の利益を大きくしてもらった方がよいわけであるが，事業部長は非金銭的報酬にも効用を見出すので，事業部の利益の一部を犠牲にして，役得のような非金銭的報酬を増やすような決定をすることも考えられる。

図表11－2の曲線 ABCD は，役得への支出とそのとき得ることが可能な事業部利益との関係を表すものである。役得への支出もそれが事業を行う上で必

要な支出ならば，小額のうちはその支出が増えるにつれて，事業部利益も増えるであろう。しかし，その支出の水準が高くなってくるとその限界的効果が小さくなり，支出が増えるにつれて，事業部利益は減ってしまうと考えられる。そして，事業部の利益は，役得への支出がE^*のときに最大化されることがわかる。

一方，事業部長の無差別曲線は，I，I′のようなかたちで表される。事業部長にとっては，事業部の利益も役得への支出も大きい方が望ましいので，右上へ行くほど，無差別曲線上の効用水準は高いことになる。事業部長が，役得のための支出と事業部利益との可能な組み合わせのうち自分の効用を最大にする組み合わせを選ぶとすると，点Cの組み合わせが選ばれることになる。この点で，役得のための支出の水準はEであり，E^*よりも大きくなっている。

ここで共通費が固定額配賦されたとすると，役得への支出とそのとき得ることが可能な事業部利益との関係を表す曲線は下に移動して，A′B′C′D′のようになる。事業部長が，新たな役得のための支出と事業部利益との可能な組み合

図表11－2　固定額の配賦による役得のための支出の変化

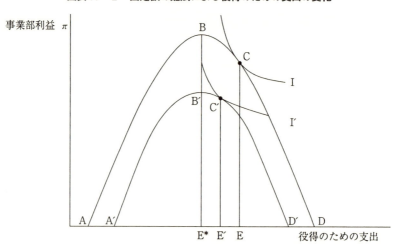

（出所）Zimmerman J. L.（1979）p.508を一部省略。

わせのうち自分の効用を最大にする組み合わせを選ぶとすると，点 C' の組み合わせが選ばれることになる。この点で，役得のための支出の水準は E' であり，E よりも少なくなっており，より E^* に近くなっている。

この例で事業部利益の報酬への影響の程度などが，細かく議論されているわけではないので，なんともいえない部分があるが，配賦によって事業部長の金銭的報酬が減ると考えられるので，それでも不満が出ないような状況が前提とされていることになる。しかし，管理可能性原則に反すると考えられるような配賦の存在意義を示す点で興味深いものである。

第5節 社内金利

社内金利（imputed interest）は，事業部で使用している資産について発生する金利を事業部に負担させようとするものである。事業部長は，通常，事業部で保有する棚卸資産の在庫水準や売掛金の水準に影響を与えることができると考えられる。事業部の売上を増やすということを考えるならば，棚卸資産を豊富に取り揃え，取引先へ掛売りできる限度額を緩めたりする方がよいかもしれない。しかし，資産が増えると会社はどこからか資金を調達してこなければならない。もし事業部で使用している資産について発生する金利を事業部に負担させないならば，資金を調達するコストを負担しても見合う水準以上に，棚卸資産の在庫水準や売掛金の水準を引き上げる決定を事業部長がする可能性もある。このような場合には，管理可能性原則からいっても，事業部利益の計算に社内金利を考慮すべきということになるであろう。また，事業部がインベストメント・センターとなっている場合には，事業部で行った投資についても社内金利の負担を求めるべきであろう。

社内金利を計算する場合，事業部で使用している資産に利率を掛けて計算することになる。事業部で使用している資金が，どの調達源泉から調達されたものか決めることはできないので，利率としては設備投資の経済性計算のところで触れた加重平均資本コストを用いることになるであろう。対象となる資産に

ついては，さまざまな考え方があり，権限の委譲状況によっても変わってくるものと考えられる。図表11－1の部門別損益計算書を前提にして，西澤はどの資産にかかる金利を損益計算書のどこに表示すべきか指摘している[7]。それによると，恒常的に存在する以外の流動資産についての金利は変動費のなかに入れ，恒常的に存在する流動資産についての金利は管理可能費に入れ，事業部が占有している固定資産についての金利は設備費に入れ，事業部が占有する以外の固定資産についての金利は共通本社費に入れるということである。この場合，管理可能利益を計算する上では，流動資産に係る金利のみが考慮されていることになる。

 社内金利制度に加えて，社内資本金制度（internal capital system）を採用する企業もある。社内資本金制度が採用されている場合，各事業部は，その社内資本金に応じた社内配当金を徴収されることになるが，その代わり，社内資本金あるいは剰余金についてある程度自由に利用することが可能であったりする。

 社内資本金制度を運営していくためには，各事業部の社内資本金を決定しなければならない。社内資本金の決定には，恣意性が伴うが，たとえば，会社の資本金の額をそれぞれの事業部の利用する固定資産の金額を基準にして按分して，各事業部へ割り当てるといった方法がある。また，社内配当金を徴収するときは，事業部の負債に対応する社内金利も徴収することになる。

 社内資本金制度では，利益が出て剰余金が貯まると社内金利の負担が減り，事業部利益が出やすくなる一方で，一度つまずくと，その反対に，事業部利益が出にくくなる。事業部長の交代などもあるとすると，事業部長の業績評価については配慮がなければ，被評価者の不満が高まると予想される。社内資本金制度は，あたかも独立の会社を経営しているような意識を事業部長にもたらす効果は，期待される。しかし，制度が複雑になるのに見合った効果があるかについては，疑問が残る。

第6節 残余利益と資本利益率

　各事業部に投資の権限も委譲し，各事業部が，投資に見合う利益を得ているかどうかについて責任を持つインベストメント・センターとして扱われている場合，前述の通り，事業部で行った投資についても社内金利の負担を求めるべきということになるが，社内金利のような資本コストを差し引いた利益を，一般に，残余利益（residual income）という。事業部長の業績評価を前提にしている場合の残余利益は，以下の式で表される[8]。

　　残余利益＝管理可能利益－資本コスト

　この残余利益のほかに，投資に見合う利益があるかを判断するための指標として，資本利益率がある。経営分析のところでも触れたように，資本利益率は，一般的に，次のような式で表される。

$$資本利益率 = \frac{利益}{資本} \times 100 \, (\%)$$

　資本利益率は，絶対額ではなく比率で表されているので，規模の違う事業部の業績を比較検討する場合などは，好ましい面を持っているとされる。しかし，投資の権限が事業部長に委譲されている場合には，資本利益率を業績評価指標として用いると，全社的には望ましくない投資意思決定がなされる可能性があると指摘されている。

　たとえば，A事業部とB事業部という2つの事業部が，それぞれ図表11－3のような投資案を検討しているものとする。

図表11−3　各事業部の投資案

	A事業部の投資案	B事業部の投資案
予想される利益	5億円	3億円
必要な資本（投資額）	20億円	20億円
資本利益率	25%	15%

　もし，資本コストが20%だったとすると，全社的に望ましいのは，A事業部の投資案が採用され，B事業部の投資案が棄却されることである。しかし，A事業部の投資前の時点での資本利益率が30%であったとすると，A事業部は投資をした場合，資本利益率が低くなってしまうので，資本利益率で業績評価される事業部長は投資をしないという決定をするであろう。一方，B事業部の投資前の時点での資本利益率が10%だったとすると，B事業部は投資をすれば資本利益率が高まるので，資本利益率で業績評価される事業部長は投資をするという決定をするであろう。これは，全社的に望ましい決定とは違っている。

　次に，業績評価指標として残余利益が用いられている場合を考える。A事業部とB事業部がそれぞれの投資案に投資をした場合，A事業部とB事業部の残余利益が，投資前と後とでどのように変化するかは，図表11−4のようにまとめることができる。

図表11−4　各事業部の残余利益の変化

	A事業部	B事業部
予想される利益	5億円	3億円
必要な資本（投資額）	20億円	20億円
資本コスト（絶対額）	4億円	4億円(20億円の20%)
残余利益	＋1億円	−1億円

　この図表11−4からわかるように，投資を行うと，残余利益はA事業部では1億円増え，B事業部では1億円減ることになる。このため残余利益で評価されるならば，A事業部の事業部長は投資をするという決定をすることになり，B事業部の事業部長は投資をしないという決定をすることになるであろ

う。このような決定は、全社的に望ましいものである。

 全社的に望ましい投資を導くという点では、残余利益は望ましい性質を持っているといえる。しかし、残余利益は比率ではなく絶対額の指標であるため、その大きさが他部門と比較して大きいか小さいかを問題にすることは、あまり意味がない。なお、EVA®は、残余利益の一種と考えられる。

 EVA®は、スターン・スチュワート社 (Stern Stewart & Co.) によって提唱された指標であり、経済付加価値 (Economic Value Added) と呼ばれている。EVA®は、以下の式で計算される。

 EVA® ＝ NOPAT － 投下資本 × WACC

 ここで NOPAT (Net Operating Profit After Tax) は、税引後営業利益のことであり、基本的には、本業の利益である営業利益からそれに対応する税額を差し引いたものと考えられるが、通常の損益計算とは違った修正を行ったものを利用する。投下資本としては、以下の式で計算されるものを用いる。

 投下資本＝正味運転資本＋純固定資産

 ここで正味運転資本とは、流動資産から買掛金などの無利息の流動負債を差し引いたものである。純固定資産とは、事業のために使用されている固定資産であり、建設仮勘定のように事業のためにまだ使われていないものなどは含まない。この投下資本についても、NOPATと同様に、さまざまな修正が施される。WACCは、設備投資の経済性計算のところで出てきた加重平均資本コストである。加重平均資本コストの計算では、普通株で調達した資金の資本コストを求めるため、CAPMを利用することになる。

 EVA®は、基本的には残余利益と考えられるが、その特徴は、NOPATや投下資本について、独自の修正を施して、精緻な業績評価指標を作り出そうとしていることであろう。その修正の詳細については、EVA®について書かれた書物を紐解くのがよいであろう[9]。ここではNOPATの修正と投下資本の修正について1つずつ取り上げる。NOPATの修正については、引当金繰入などの非

キャッシュ項目は，キャッシュベースに修正することがあげられる。NOPATの計算では，引当金繰入は費用として差し引かれていないことになる。投下資本の修正については，オフバランス化されているリース資産を純固定資産に含めることがあげられる。

わが国においては，欧米に比べて，経営者が資本コストをあまり意識してこなかったのではないかという指摘もある。しかし最近，わが国でも，EVA®あるいはそれに似た指標を業績評価に利用する企業が出てきている。

[注]
（1）浅田孝幸，頼誠，鈴木研一，中川優『管理会計入門』有斐閣，1998年などを参照。
（2）西澤脩『独立採算制の話』日経文庫，1975年。
（3）浅田孝幸，頼誠，鈴木研一，中川優，前掲書参照。
（4）西澤脩，前掲書参照。
（5）Hamlen S. S., W. A. Hamlen, and J. T. Tschirhart, "The Use of Core Theory in Evaluating Joint Cost Allocation Schemes", *THE ACCOUNTING REVIEW*, July 1977, pp.616-626 では，協力ゲームの理論を利用して，シャープレイ値を含むいくつかの配賦基準を比較検討している。
（6）Zimmerman J. L., "TheCosts and Benefits of Cost Allocations", *THE ACCOUNTING REVIEW*, July 1979, pp.504-521.
（7）西澤脩，前掲書参照。
（8）この式では，管理可能利益までの計算で，社内金利は考慮されていないものとする。またここで，資本コストは利用している資産について課される絶対額である。
（9）佐藤紘光，飯泉清，齋藤正章『EVA®経営』中央経済社，2002年などを参照。

第12章
原価企画

第1節 原価企画

　原価企画は，製品の製造に入る前の企画・開発・設計段階において，技術部門，購買部門，製造部門，営業部門などさまざまな部門のスタッフが協力して，目標利益を確保するような目標原価を達成するための管理手法である。この原価企画は，わが国の自動車メーカー等の加工組立産業を中心に多くの企業で採用されてきた。このような手法が，重視され注目されるようになってきた背景としては，次のようなものがあげられる。

　まず，原価の多くの部分は，製品の開発・設計段階で決まってしまうことが認識されるようになったことがあげられる。製品を製造する場合，製造段階でかなりの原価がかかるわけではあるが，製造段階に入ってからその原価を削減しようとすると，あまり大幅な削減は難しい。一方，製品の開発設計段階であれば，使用する材料の材質を見直したり，加工しやすいような設計を行うことによって，より大幅な原価削減が可能になることが認識されるようになった。

　また，顧客のニーズが多様化し，製品のライフサイクル (product lifecycle) は短くなってきているといわれている。このような状況の下では，新製品を開発する頻度は，以前にも増して増えてくることになる。そして，新製品の開発にあたっては，顧客の要求する品質・コストを達成することを求められる。このような要求にこたえるための手法としても，原価企画は重要である。

　原価企画の中心的な作業については，技術部門，購買部門，製造部門，営業

部門などさまざまな部門のスタッフからなるクロス・ファンクショナル・チーム（cross functional team）が編成され，各部門のスタッフの協力によって行われるものである。それぞれの部門のスタッフの持つ情報が取り込まれることによって，顧客のニーズを満たす製品を目標原価で開発・設計する可能性が高まる。このように各部門の協力のもとに行われるのであるが，原価企画を中心となって進めるのは，企画・開発・設計の部門のスタッフということになる。また，自動車産業では，クロス・ファンクショナル・チームには，プロダクト・マネージャーがおかれ，このプロダクト・マネージャーが，製品の開発・設計および原価企画についても責任を負うことになる。さらに，原価企画室といった事務的に原価企画をサポートする部署を設ける企業もある。

　原価企画では，目標原価を実現する製品の開発・設計が求められることになるが，目標とする原価としては，標準原価計算の章で取り上げた標準原価というものもあった。標準原価は製品の製造段階に入ってからの問題であり，原価企画は製品の企画・開発・設計段階での問題であるという違いもある。また，標準原価は合理的に決められた標準的作業方式のようなものがあり，それにしたがって作業を進めれば，その達成が期待できるものである。それに対して，原価企画における目標原価は標準的作業を進めれば達成できるものではない。原価企画を積み重ねることによって，ある程度ルーティン化された仕事もあるかもしれないが，今までにない発想によって大幅な原価削減が期待できるので，目標としての性質も原価企画の目標原価と標準原価とでは，かなり違っている。

第2節　原価企画のプロセス

　原価企画のプロセスについては，企業によって異なると考えられるが，大塚，辻によると図表12－1のようなプロセスで進められるということである[1]。この図は，各企業に共通するような要素を簡潔にまとめたものであり，個別企業について原価企画のプロセスを示したものは，もう少し細かいものが

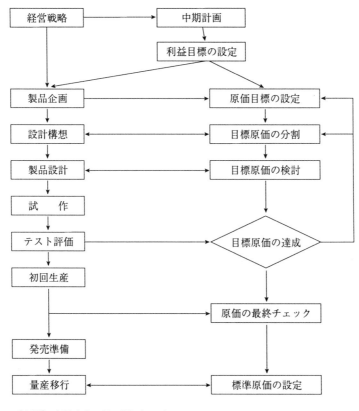

図表12-1　原価企画のプロセス

（出所）大塚宗春，辻正雄（1999）p.159。

多い[2]。いずれにしても経営戦略を背景にした中長期計画から始まり，生産が開始されたところで終わることになる。ただ，生産開始後の原価改善も原価企画と関連させて扱っている場合もある。

　以下では，図表12-1に沿って原価企画のプロセスを解説する。まず，中長期計画では，将来の目標を達成できるような製品ラインナップのあり方などが検討され，それを実現するため，いつどのような新製品を投入するかということが計画される。この段階では，主に経営企画を担当する部署が中心になり計

画をまとめる。

　投入する時期から逆算して開発に着手すべき新製品については，製品企画の段階に入ることになる。この段階で製品の仕様，販売価格，販売数量などの概要が決められる。そして中長期計画を実現するために当該新製品に割り当てられた目標利益なども考慮して，最初の目標原価が算定される。これは設計の進展にしたがって改定される場合もある。この段階以降の諸活動については，主にプロダクト・マネージャーによって調整され，統括されることになる。

　そして設計構想の段階で，新製品のデザイン，機能別の構造などが決められる。この段階で，目標原価が機能別に割り付けられることになる。目標原価を機能別に割り付けることは，後述するVE (Value Engineering) 活動を行う上で重要である。目標原価は，部品別，開発チーム別に割り付けられることもある。

　製品設計の段階については，基本設計，詳細設計，工程設計というようにさらに細かく分けて考える場合もある。また図では，製品設計をしてから試作をするというような形になっているが，試作をしてみて問題があれば，また設計しなおすことになるので，製品設計と試作とは，一体的なものと考えてよいであろう。製品設計の段階では，設計活動とともに原価の見積もりが行われる。この原価の見積もりは，製品の設計が進むにつれて概算的なものからより詳細なものになっていく。この原価の見積もりに利用されるのが，後述するコスト・テーブル (cost tables) である。見積もられた原価が目標原価よりも大きい場合には，目標を達成するためにVE活動が行われることになる。

　次のテスト評価については，製品の設計が終わってから1回行われるというわけではなく，設計の進展にしたがって何段階かに分けて実施される。このように何段階かに分けて中間目標が達成されているかを評価するような管理法をマイルストーン管理 (milestone management) という。ここで目標原価が達成されていなければ，今後の方策を明確にして，VE活動を繰り返すことになる。

　正式な設計図ができると，初回生産をして，原価の最終チェックを行う。図面から原価を見積もり，原価の最終チェックをすることも考えられる。そして発売準備の段階で，購入部品の価格交渉が行われたり，材料消費量や直接作業

時間などの標準が決められて，量産に移行することになる。

　量産に移行してからも，引き続き VE 活動が行われる。この段階で行われる VE 活動は，原価改善の活動であると考えられるが，当該新製品のプロダクト・マネージャーが引き続きこういった活動を統括することがある。このような活動も含めて原価企画を取り扱う場合もある。

第3節　目標原価の設定

　前節の原価企画のプロセスにおいても触れたように，目標原価の設定は製品企画の段階で行われることになる。顧客に受け入れられるような価格で販売して利益が出るような原価で製品を開発・設計できなければ，原価企画を行う意義が薄くなってしまうので，目標原価は目標販売価格から目標利益を引いて次のように設定されるであろう。

　　目標原価＝目標販売価格－目標利益

あるいは目標利益率を用いて，次のように設定されることも考えられる。

　　目標原価＝目標販売価格×（1－目標利益率）

　このように，目標利益あるいは目標利益率を控除するかたちで目標原価を設定する方式を控除方式という。しかし，このようなかたちで設定された目標原価は，その実現可能性がほとんど考慮されていない。そこで現状を前提として原価を見積もる積み上げ方式により目標原価を設定することも考えられる。また，控除方式による目標原価と積み上げ方式による目標原価をすり合わせて目標原価を設定する折衷方式もある。以下では，控除方式，積み上げ方式，折衷方式のそれぞれについて解説する。

　控除方式は，上の式のように目標利益あるいは目標利益率を控除するかたちで目標原価を設定する方式である。控除方式で目標原価を設定しようとする場合には，まず目標販売価格を決定しなければならない。開発しようとする新製

品に類似した他社の製品がすでにあるような場合には，目標販売価格を決める上で，類似他社製品の価格が1つの基準になるであろう。類似他社製品にない機能を盛り込んだり，省いたりする場合には，それも考慮されるであろう。一方，開発しようとする新製品に類似した他社の製品がない場合には，その新製品のターゲットとなる顧客層に対して調査が行われることになるであろう。そして，その新製品が出た場合，いくらぐらいならば買ってもらえるかを探ることになるであろう。目標販売価格が決まると，開発しようとする新製品に目標利益あるいは目標利益率が割り当てられる必要がある。これは，基本的には中長期計画から導き出されることになるであろうが，製品ラインナップのなかのどのような製品についても同じ目標利益率が割り当てられるというわけではないであろう。たとえば，独自の技術を盛り込んだ高級品を志向するような新製品の場合には，販売価格も目標利益率も高く設定されることになるであろう。一方，価格の安さを前面に出した普及品に当たる新製品の場合には，販売価格も目標利益率も低く設定されることになるであろう。目標販売価格が決まり，目標利益あるいは目標利益率が割り当てられると，上式によって目標原価が決まることになる。この控除方式は折衷方式も含めると，目標原価の決定に何らかのかたちで関与していることが多いと考えられる。

　次に，積み上げ方式では，現状を前提として原価を見積もることになる。目標原価を決めるような開発初期の段階においては，原価を詳細に見積もることができないので，原価の見積もりは概算的なものになるであろう。現在ある製品を改良したような新製品の場合には，現在ある製品の原価を基準にして，新たに機能を盛り込んだり，省いたりする場合には，それも考慮されるであろう。また，VE活動がどの程度可能かも考慮されることになるであろう。この積み上げ方式の場合，技術者の見解が強く反映されることになるので，目標原価の達成の可能性は高まる可能性があるが，顧客に受け入れられるような価格で販売して利益が出るかは，控除方式に比べて不透明になる。

　そして折衷方式では，控除方式による目標原価と積み上げ方式による目標原価をすり合わせて目標原価を設定することになる。積み上げ方式による目標原

価が，控除方式による目標原価よりも金額的に高い場合には，さらにVE活動によって原価を削減する余地がないかというようなことも検討されるであろう。折衷方式によって目標原価を設定すると，顧客に受け入れられるような価格で販売して利益が出る見込みもある程度立ち，また目標原価の達成の可能性は高まると期待される。わが国では，この折衷方式で目標原価が設定されることが多いとされている[3]。

目標原価をどのような水準に設定すれば有効であるかについては，確定的な結論は得られていない。しかし清水は，目標原価と見積もりによる成行原価とのギャップが大きい方が，知識のゆらぎがもたらされ，より独創的なアイデアが生み出される可能性があることを示唆している[4]。

第4節　VE

前述のように，目標原価と見積原価のギャップを埋め，目標を達成するために行われるのがVE活動である。VEには，ゼロルックVE，ファーストルックVE，セカンドルックVEという3段階のものがある。ゼロルックVEは，新製品の企画段階で適用されるVEである。新機能を新製品に盛り込むことによって新製品の魅力度が非常に高まることも考えられる。新機能を新製品に盛り込むためにどのぐらいのコストがかかるのかといったことを新製品の企画段階で正確に見積もることは難しいが，新機能を許容されるコストで実現することができるかといったことなども，ゼロルックVEの段階で検討される。ファーストルックVEは，新製品の開発・設計段階で適用されるVEである。製造しやすいような設計にすることで，新製品に要求される機能を満たした上でコスト低減の可能性を検討するというようなことなどは，この段階で行われる。セカンドルックVEは，新製品の量産開始後の段階で適用されるVEである。部品の材質を見直したり，作業の手順を見直したりすることで製品の機能を損なわずにコスト低減の可能性を検討することなどは，この段階で行われる。源流にさかのぼらなければ，大幅なコスト低減を実現することが困難であることが意

識されるようになったことで，VEは，セカンドルックVEからファーストルックVEへ，ファーストルックVEからゼロルックVEへというように，より開発初期の段階で展開されるようになってきたとされている．

　VE活動には，製品の機能に注目し，その価値を定量的に評価するというプロセスが含まれている．VE活動における価値とは，次式で表されるようなものである．

$$価値 = \frac{機能の評価値}{コスト}$$

　このような価値を評価するためには，まず機能の定義を行う必要がある．機能の定義にあたっては，（名詞＋動詞）というかたちで表現する．製品にはさまざまな機能があるので，どんな製品でも機能を定義していくと数多くのものがあげられる．機能が定義されると，目的としての機能とそれを達成する手段としての機能というようなものがあるので，各機能の間の関係を系統図に表す．この過程で，不要な機能が発見されたりすることもある．機能の間の関係が明らかになると，機能の評価値を見積もることになる．機能の評価値の見積もりは，難しく，ある程度主観的にならざるを得ない．各機能を2つずつ取り上げ，比較して重要度を評価するというようなことが行われる．

　上式の分母のコストは，やはり機能別のコストである．機能別のコストを把握することは，困難な場合が多い．部品のコストがわかっていても，その部品が複数の機能を果たしている場合には，各機能にその部品のコストを配分しなければならないことになる．これについても，当該部品が，どの機能を果たすのに貢献しているかといった貢献度を主観的に見積もって，コストを配分するしかない．

　機能の評価値とコストが求められると，価値を評価することができる．一般的に，この価値が低い機能ほど，コスト低減の余地があると考えられる．そして，コスト低減の余地のある機能に改善の努力が向けられるべきということになる．

VEでは，機能別に考えることで，費目別に考えたのでは得られない原価低減のアイデアが得られることが期待される。原価低減のアイデアとしては，その場その場でさまざまなものがあると考えられるが，すでに生産している製品の部品と同じ部品を使えないか検討したり，ねじ止めの箇所を少なくできないか検討したりというようなことは，パターン化したものと思われる。

第5節　コスト・テーブル

前述のように，原価企画のプロセスにおいては，原価の見積もりが繰り返し行われる。原価の見積もりは，製品の開発・設計の進展に応じて，概算的なものからより詳細なものになっていく。ある程度の信頼性をもった原価の見積もりを，迅速に行えるようにするためのツールをコスト・テーブル（cost table）という。

原価の見積もり方法としては，一括見積法と積算見積法とがある。概算額を迅速に見積もりたいような場合には，一括見積法が適している。一方，正確に原価を見積もりたいような場合には，積算見積法が適していると考えられる。コスト・テーブルは，主に，一括見積もりを行う場合のツールと思われるが，積算見積もりを行う場合にも，部品のレベルで一括見積もりと同様の見積もりが行われることもあると考えられる。

一括見積法は，個々の部品の原価や加工の工数などのデータをもとに積み上げるのではなく，製品の特性値などをもとにして，部分ごとではなくまとめてその製品の原価を見積もる方法である。一括法による原価見積もりを行う場合に用いられるコスト・テーブルとしては，2種類のものがある。1つは，製品の機能と原価の関係を把握し，原価見積もりに利用しようとする機能別コスト・テーブルで，もう1つは，製品の構造と原価の関係を把握し，原価見積もりに利用しようとする構造別コスト・テーブルである。機能と原価の関係とは，たとえば，エンジンという製品の場合であれば，最大出力や最大回転数などと原価の関係ということである。構造と原価の関係とは，同じくエンジンの

場合,排気量や気筒数などと原価の関係ということである。機能別コスト・テーブルの場合も構造別コスト・テーブルの場合も,いくつかの製品についてデータを集め,原価と関係のある要因と原価との関係を多重回帰分析によって式を求め,これを原価の見積もりに利用するというやり方は同じである[5]。たとえばかなり簡素なものであるが,機能別コスト・テーブルの場合,次のような式を求めることになる。

原価＝最大出力の係数×最大出力＋最大回転数の係数×最大回転数＋
　　　定数項

多重回帰分析では,いくつかの製品についての最大出力,最大回転数,原価のデータを使って,最大出力の係数,最大回転数の係数,定数項を求めることになる。この式が求められれば,開発しようとしている新製品に要求される最大出力,最大回転数を式に当てはめれば,その原価を見積もることができる。最終製品のレベルでこの一括見積法を適用しようとすると,見積もりの精度はそれほど高くないと思われる。概算額を迅速に求めたい場合には,一括見積法は有用性が高い。

　積算見積法は,個々の部品の原価や加工の工数などのデータをもとに積み上げて,基本的に,材料等の単価×消費量を集計して原価を見積もる方法である。この積算法で原価の見積もりを行うためには,部品の原価のデータや特定の加工の工数などのデータが必要なときに利用できるように,データ・ベース化されていることが必要であろう。また部品については,今までにない部品も使う可能性があるので,部品の材質,重量,加工箇所数などから部品の原価を見積もる必要があると考えられる。このような場合,一括見積法と同様な方法が利用できるであろう。積算見積法は,見積もりに手間がかかるが,より詳細な見積もりを可能にする方法であると考えられる。

第6節　原価企画における諸概念

　前述のように，原価企画のプロセスにおいては，VE 活動やコスト・テーブルの利用が繰り返されることになるが，その他にも原価企画に特徴的にみられる諸概念がある。ここでは，デザイン・イン（design in），コンカレント・エンジニアリング（concurrent engineering），マイルストーン管理を取り上げて解説する。

　まずデザイン・インとは，自動車産業などでよくみられるもので，部品のサプライヤーと最終製品のメーカーとが，製品の開発・設計の初期の段階から共同作業を行うことである。これによって，部品の開発・設計が製品の開発・設計と平行して進められ，開発期間が短縮されると期待される。またサプライヤーと最終製品のメーカーとの間で開発初期から情報が交換されることで，品質，コストの面で改善が期待される。このデザイン・インで重要な役割を果たすのが，承認図メーカーと呼ばれるサプライヤーである。サプライヤーには，承認図メーカーと貸与図メーカーとがある。承認図メーカーとは，最終製品のメーカーとの協力の下で自ら部品の開発・設計を行うサプライヤーのことをいう。この承認図メーカーは，製品の開発初期の段階から最終製品のメーカーと共同作業を行うことになる。一方，貸与図メーカーとは，最終製品のメーカーが作成した設計図どおりの部品を製造して納品するサプライヤーのことをいう。承認図メーカーと貸与図メーカーとは，部品によって扱いが違う場合もあり，明確に区別できないこともある。

　コンカレント・エンジニアリングとは，製品の開発・設計を進める上で諸作業が段階的に行われるのではなく，同時並行的に進められるようなやり方をいう。諸作業が同時並行的に進められることで，開発期間が短縮されると期待される。また諸作業を担当する人の間で情報が共有されることで，製造段階近くになってから作りにくい設計になっていたことに気づくというようなことも防げると期待される。コンカレント・エンジニアリングは，サイマルテニアス・

エンジニアリング (simultaneous engineering) と呼ばれることもある。また，ラグビー型の製品開発という用語も内容的にはほぼ同じと考えられるが，区別して考える見解もある[6]。

前にも触れたが，マイルストーン管理とは，製品の開発・設計の節目で実施される進捗管理である。節目とは，企業によって異なることも考えられるが，構想設計の段階，基本設計の段階，詳細設計の段階などが考えられる。目標原価について，その達成度合い，進捗状況を評価して，必要な方策を明確にするものをコスト・レビュー (cost review) といい，当初の製品のコンセプトから製品が備えるべきであると考えられた仕様が製品の設計に盛り込まれるかたちで設計が進捗しているかどうかを評価して，必要な方策を明確にするものをデザイン・レビュー (design review) という。原価企画では，目標を達成するための活動とその評価は繰り返し行われるが，マイルストーン管理は，開発・設計の節目で会議というかたちで行われる。

第7節　原価企画の問題点

原価企画は，原価低減を図る有力な手段であると考えられるが，その問題点もいくつか指摘されている[7]。特に大きな問題と考えられるのが，サプライヤーの疲弊と設計担当エンジニアの疲弊である。最終製品のメーカーにとっては，原価企画がうまくいっているのなら，疲弊があっても問題ないという見方もできないことはないかもしれない。しかし疲弊が蓄積し，それによって不満も蓄積し，臨界点に達すると，最終製品のメーカーにも多大な悪影響がもたらされることも考えられる。

前述のように，デザイン・インでは，部品のサプライヤーと最終製品のメーカーとが，製品の開発・設計の初期の段階から共同作業を行うことになる。この共同作業のため，サプライヤーは最終製品のメーカーにエンジニアを派遣することになる。そして共同作業の成果として，部品の原価の低減が実現した場合，部品の納入価格も引き下げられ，サプライヤーにその成果があまり配分さ

れない。また，製造段階になってからも最終製品のメーカーはサプライヤーに対して原価引き下げの要請を行う。サプライヤーも原価低減の努力を絶えず行っていると考えられるが，原価引き下げの要請が度重なると，原価引き下げの余地も限られてくることになる。さらに，サプライヤーは最終製品のメーカーの要望に沿うような情報システムを導入しなければならない場合もあり，このような投資がコスト・アップ要因となることも考えられる。また，開発期間についても，サプライヤーは困難な状況におかれている。一般的に，最終製品の開発期間よりもその製品に組み込まれる部品の開発期間の方が短いので，サプライヤーは最終製品のメーカーよりも短い開発期間で部品の開発・設計を行う必要がある。このように，原価の低減と開発期間の短縮というプレッシャーのもとにサプライヤーはおかれている。このような状況のなかで，原価低減の成果をサプライヤーと分け合うような仕組みを持つ自動車メーカーもみられるようである。

　最終製品のメーカー内部においても，原価低減の要請がプレッシャーとなり，設計担当エンジニアの疲弊が進んで，燃え尽き症候群（burnout syndrome）もみられるとされる。また，原価の低減だけでなく，顧客のニーズの変化に対応するため開発期間の短縮も要請され，それによって設計担当エンジニアの疲弊はいっそう強まるものと考えられる。さらに，前述のコスト・レビューやデザイン・レビュー等の会議への出席も求められることによって，設計担当エンジニアは，本来の業務である設計の仕事に従事する時間を削られ，その状況のなかで設計の業務を行わなければならなくなってきている。そして原価企画が導入されてから時間がたってくると，原価低減のアイデアは蓄積されてくるかもしれないが，さらに大幅な原価低減を実現するようなアイデアは枯渇してくると考えられる。このような設計担当エンジニアにとって厳しい状況を放置しておくと，品質などに問題のある製品が開発されることにもなりかねない。特定の人に過度な負担が課されることのないような仕事の配分は，重要であると考えられる。

[注]

(1) 大塚宗春, 辻正雄『管理会計の基礎』税務経理協会, 1999年を参照。
(2) 門田安弘編著『管理会計学テキスト』税務経理協会, 1995年などを参照。
(3) 神戸大学管理会計研究会「原価企画の実態調査（1）（2）（3）」『企業会計』第44巻第5号, 1992年, pp.86-91, 第44巻第6号, pp.74-79, 第44巻第7号, pp.84-89を参照。
(4) 清水信匡「原価企画活動における目標原価情報と知識創造活動の関係」『産業経理』第51巻第4号, 1992年, pp.1-9。
(5) 多重回帰分析については, 統計解析, あるいは計量経済学の専門書を参照。たとえば, 山本拓『計量経済学』新世社, 1995年。
(6) 谷武幸「コンカレント・エンジニアリング」『企業会計』第47巻第6号, 1995年, pp.26-30を参照。
(7) 加登豊『原価企画』日本経済新聞社, 1993年などを参照。

第13章
活動基準原価計算

第1節　活動基準原価計算の概要

　企業で活動基準原価計算（activity based costing : ABC）という原価計算方法が導入されるようになった際の問題意識としては，伝統的な原価計算の方法では，製品の正確な原価を計算することができず，不正確な原価情報を基にして意思決定を行うと，誤った意思決定をしてしまうことになるというものがあった。たとえば，後述するように，伝統的原価計算方法では，製造間接費を各製品に配賦するにあたって，大量に生産される製品に対して配賦する場合に多額になり，少量しか生産されない製品に対して配賦する場合には小額になる傾向がある。少量しか生産しない製品を製造する際に，製造間接費を発生させるような要因が多く潜んでいる場合には，伝統的な方法では，正しい原価を計算することができないことになる。

　最初に，活動基準原価計算を原価計算方法と書いたが，どの製品を製造するためにかかったのか直接的に把握できる直接費についての計算方法は，活動基準原価計算と伝統的方法とで異なるところはない。異なるのは，どの製品を製造するためにかかったのか直接的には把握できない製造間接費の配賦計算の方法である。このため，活動基準原価計算は，製造間接費の配賦計算の新しい方法と考えた方が適切かもしれない。

　活動基準原価計算は，製造間接費の配賦計算の方法と考えてよいので，製品の製造原価に占める製造間接費の割合があまり大きくなければ，製造間接費を

どのように配賦してもそれほど製品の原価は違わないと考えられる。伝統的な原価計算方法が成立した時代には，製品の製造原価に占める直接費の割合が高く，間接費の割合は低かったとされている。このような状況の下では，伝統的原価計算方法は，十分に正確な原価を計算していたと考えられる。しかし時代の変化とともに製造現場では自動化が進み，製品の製造原価に占める直接労務費の割合は著しく低下し，製造間接費の割合は高まってきたとされている。このような状況の下では，製造間接費をどのように配賦するかによって製品の原価が変わってくる可能性がある。また，伝統的原価計算方法では，直接労務費に比例するかたちで製造間接費が配賦されることになる場合が多いので，直接労務費に比べて配賦額が少なければあまり製品原価への影響はないが，直接労務費に比べて配賦額が多くなると，少ない費用の比によって製品原価が大きく影響を受けるというようなことになる。近年における状況の変化によって，より慎重に製造間接費を製品に配賦することが要請されるようになってきたのに呼応して，活動基準原価計算が注目されるようになってきた。

　活動基準原価計算は，製品の原価を正確に計算することにとどまらず，発展してきている。組織における業務改善のため活動基準原価計算から得られる情報を利用しようとするものを活動基準管理 (activity based management : ABM) という。活動基準原価計算から得られる情報を予算管理に利用しようとするものを活動基準予算管理 (activity based budgeting : ABB) という。本章では，活動基準管理，活動基準予算管理についても取り上げ，解説する。

第2節　活動基準原価計算の計算構造

　前述のように，伝統的原価計算方法でも活動基準原価計算でも，直接費を製品に直課することは変わらない。製造間接費について，それぞれの特徴が出てくることになる。伝統的方法では，製造間接費について部門別計算を行う場合と行わない場合がある。部門別計算を行わない場合には，図表13 − 1のように，製造間接費をまとめて直接作業時間などを配賦基準にして，各製品に配賦

することになる。部門別計算を行う場合には，図表13－2のように，まず製造間接費を製造部門と補助部門別に集計して，次に補助部門に集計された費用を製造部門に配賦し，そして製造部門に集計された費用を製品に配賦するという計算を行うことになる[1]。

図表13－1　伝統的方法（部門別計算なし）

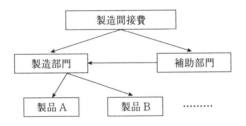

図表13－2　伝統的方法（部門別計算あり）

　このように伝統的な方法では，部門別計算を行わない場合，あまりにも大まかな配賦計算が行われることになる。また部門別計算を行う場合も，部門別に費用を集計する段階では，各部門における資源の利用水準などに応じて計算が行われると考えられるが，補助部門に集計された費用は，いったん製造部門へ配賦されてから製品へ配賦されることになり，製品に対して間接的な計算になってしまう。さらに製造部門から製品へ配賦する場合には，配賦基準として，直接作業時間や機械時間など操業度に関連するようなものだけが用いられる傾向がある。

　活動基準原価計算では，まず活動ごとに製造間接費は集計される。ただし，製品へ同じ基準で跡付けられることになるものは，同じ活動コスト・プール

（activity cost pool）に集計されることになる。活動コスト・プールごとに費用を集計する際には，資源ドライバー（resource driver）が用いられることになる。資源ドライバーは，活動コスト・プールがどの資源をどのぐらい消費したかを把握するためのものである。たとえば，労働力という資源の場合には，各活動コスト・プールにおける活動のために要した作業時間などを基準にして，各活動コスト・プールに当該資源にかかる費用が割り当てられることになる。活動コスト・プールに集計された費用は，各製品へ配賦されることになる。各製品への配賦計算を行う際には，活動コスト・ドライバー（activity cost driver）が用いられることになる。活動コスト・ドライバーは，各製品がどの活動をどのぐらい利用したかを把握するためのものである。たとえば，段取り替えという活動の場合には，各製品の製造にあたっての段取り替えの回数などを基準にして，各製品に当該活動にかかる費用が配賦されることになる。このように，活動基準原価計算では2段階の計算を行うことになるが，これを図示すると図表13－3のようになる。

図表13－3　活動基準原価計算の流れ

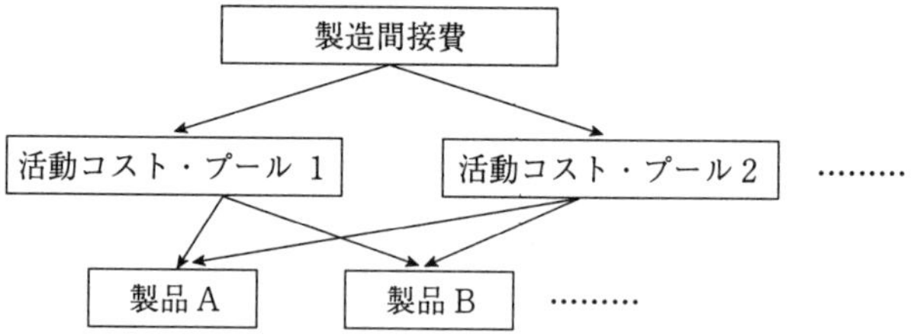

```
         製造間接費
         ／    ＼
活動コスト・プール1   活動コスト・プール2  ………
         ×
      ／    ＼
   製品A      製品B      ………
```

活動基準原価計算の場合，活動コスト・プールにおける活動を各製品がどのぐらい利用したかに応じて各製品への配賦額が決まるので，操業度だけに応じて配賦額が決まるよりも正確な製造原価を算出できるものと期待される。

この活動基準原価計算の計算構造からみると，各活動コスト・プールにおける費用は，活動コスト・ドライバーの水準に比例して発生することを前提にしたものと考えることもできる。しかし，各活動コスト・プールにおける費用に

は，固定費的なものも含まれると考えられるので，各製品について合計した活動コスト・ドライバーの水準が高いか低いかによって配賦率が変動することになる。このような問題に対処するためには，正常配賦の考え方を利用して，配賦計算をする際に，実際配賦率ではなく予定配賦率を用いて計算することが考えられる[2]。

活動基準原価計算では，用いられる活動コスト・プールの数や活動コスト・ドライバーの数が多くなればなるほど，より正確な製品原価を計算できる可能性が高まると期待される。一方で，活動コスト・プールの数や活動コスト・ドライバーの数が多くなればなるほど，活動コスト・ドライバーの測定や事務処理にコストが多くかかると考えられる。活動コスト・プールをどの程度細かく分けるべきかについては，コスト・ベネフィットを考慮して決定する必要がある[3]。

また，製造間接費を活動コスト・プールごとに集計し，それぞれ適切な活動コスト・ドライバーを選択する上で，コスト階層（cost hierarchies）を意識することが有用とされる。コスト階層としては，以下の4つのものがあげられる。

・単位レベル・コスト（unit level costs）
・バッチ・レベル・コスト（batch level costs）
・製品維持コスト（product sustaining costs）
・工場維持コスト（facility sustaining costs）

単位レベル・コストは，個々の製品単位に対して行使される活動のために消費された資源のコストで，機械を動かすための動力費などは，この階層のコストとされる。バッチ・レベル・コストは，バッチに対して行使される活動のために消費された資源のコストで，段取り替え費用などは，この階層のコストとされる。製品維持コストは，製品を維持する活動のために消費された資源のコストで，設計の費用などは，この階層のコストとされる。工場維持コストは，工場を維持する活動のために消費された資源のコストで，工場管理のための費用などは，この階層のコストとされる。活動コスト・プールは，このコスト階層のどれかに当てはまるものと考えられ，それにふさわしい活動コスト・ドラ

イバーもあるものと考えられる。

　上記のような計算構造を持つ活動基準原価計算は，製造業だけではなく，サービス業においても有用であるとされている。サービス業では，サービスの在庫というものがないので，製造業のように在庫品評価のための原価計算の必要性はない。しかし，サービスはさまざまな活動が関与しながら提供されるものであるので，活動基準原価計算を適用することによって，サービスごとあるいは顧客ごとの原価を正確に計算できるようになると期待される。それによって，不採算なサービスや顧客などの発見につながることも期待される。このようなことから，活動基準原価計算は，サービス業の企業からも注目を集めるようになってきている。

第3節　伝統的原価計算方法と活動基準原価計算との比較（設例）

　ここでは設例を用いて，伝統的原価計算方法と活動基準原価計算とでそれぞれどのように製品原価が計算されるのかをみてみることにする。

　製品Aと製品Bという2種類の製品を製造している場合について，伝統的原価計算方法で製品原価を求めるために必要なデータが，図表13－4のように与えられているものとする。また操業水準は年間を通して安定しており，製造間接費の月間の予算額は¥6,000,000であるとする。製造間接費は，直接作業時間を用いて各製品へ配賦するものとする。直接材料の単価は，1kg当たり¥800で，賃率は1時間当たり¥500であるとする。

図表13－4　原価データ

	製品A	製品B
直接材料消費数量	2kg／単位	3kg／単位
直接作業時間	4h／単位	2h／単位
月間生産予定数量	2,000単位	1,000単位

製造間接費の予算額を予定される直接作業時間で割る計算をすることで，製造間接費の予定配賦率が求められる。この計算を示すと以下のようになる。

予定直接作業時間＝4h×2,000単位＋2h×1,000単位
　　　　　　　　＝10,000h

製造間接費の予定配賦率＝¥6,000,000÷10,000h
　　　　　　　　　　　＝¥600／h

製造間接費の予定配賦率も得られたので，製品Aと製品Bの原価を計算することができる。製品単位当たりの原価を計算すると，まず直接材料費は以下のように計算される。

直接材料費（製品A）　¥800×2kg＝¥1,600
直接材料費（製品B）　¥800×3kg＝¥2,400

次に直接労務費の計算をすると，以下のようになる。

直接労務費（製品A）　¥500×4h＝¥2,000
直接労務費（製品B）　¥500×2h＝¥1,000

そして製造間接費の配賦額は，次のように計算される。

製造間接費配賦額（製品A）　¥600×4h＝¥2,400
製造間接費配賦額（製品B）　¥600×2h＝¥1,200

これらを集計すると，製品Aと製品Bの単位当たりの製造原価は以下のように計算される。

	製品A	製品B
直接材料費	¥1,600	¥2,400
直接労務費	¥2,000	¥1,000
製造間接費配賦額	¥2,400	¥1,200
単位当たり製造原価	¥6,000	¥4,600

次に，製造間接費について，活動基準原価計算のやり方で計算するための資料が図表13－5に示される通りであるとする。図表13－5のなかの製品Aと製品Bの欄に書いてある数値は，それぞれの月間生産予定数量についての活動コスト・ドライバーの数量である。

図表13－5　活動基準原価計算のための資料

活動コスト・プール	予算額	活動コスト・ドライバー	製品A	製品B
段取り	¥1,000,000	段取り回数	10回	40回
品質検査	¥3,000,000	品質検査回数	50回	250回
機械償却・維持費	¥2,000,000	機械時間	1,000h	1,000h

段取りのコスト・プールに集計された費用は，段取り回数を基準にして製品Aと製品Bとに配賦される。この計算を示すと，以下の通りである。

配賦率＝¥1,000,000÷(10回＋40回)＝¥20,000／回

製品Aへの配賦額　　¥20,000／回×10回＝¥200,000

製品Bへの配賦額　　¥20,000／回×40回＝¥800,000

製品単位当たりの計算をすると，以下のようになる。

製品Aへの配賦額（製品単位当たり）　　¥200,000÷2,000＝¥100

製品Bへの配賦額（製品単位当たり）　　¥800,000÷1,000＝¥800

品質検査のコスト・プールに集計された費用は，品質検査回数を基準にして製品Aと製品Bとに配賦される。この計算を示すと，以下の通りである。

配賦率＝¥3,000,000÷(50回＋250回)＝¥10,000／回
製品Aへの配賦額　　　¥10,000／回×50回＝¥500,000
製品Bへの配賦額　　　¥10,000／回×250回＝¥2,500,000

製品単位当たりの計算をすると，以下のようになる。

製品Aへの配賦額（製品単位当たり）　　¥500,000÷2,000＝¥250
製品Bへの配賦額（製品単位当たり）　　¥2,500,000÷1,000＝¥2,500

機械償却・維持費のコスト・プールに集計された費用は，機械時間を基準にして製品Aと製品Bとに配賦される。この計算を示すと，以下の通りである。

配賦率＝¥2,000,000÷(1,000h＋1,000h)＝¥1,000／h
製品Aへの配賦額　　　¥1,000／h×1,000h＝¥1,000,000
製品Bへの配賦額　　　¥1,000／h×1,000h＝¥1,000,000

製品単位当たりの計算をすると，以下のようになる。

製品Aへの配賦額（製品単位当たり）　　¥1,000,000÷2,000＝¥500
製品Bへの配賦額（製品単位当たり）　　¥1,000,000÷1,000＝¥1,000

直接費については，伝統的原価計算方法と同じであるので，製品Aと製品Bの単位当たりの製造原価は以下のように計算される。

	製品A	製品B
直接材料費	¥1,600	¥2,400
直接労務費	¥2,000	¥1,000
段取り	¥100	¥800
品質検査	¥250	¥2,500
機械償却・維持費	¥500	¥1,000
単位当たり製造原価	¥4,450	¥7,700

これはかなり極端な例ではあるが，伝統的原価計算方法では製品Ａの方が製品Ｂよりも高コストに計算されたが，活動基準原価計算では，反対に製品Ｂの方が高コストに計算されている。

第4節　活動基準管理

　活動基準管理（activity based management : ABM）とは，組織における業務改善のため活動基準原価計算から得られる情報を利用しようとするものである。活動基準原価計算では，活動コスト・プールごとに原価を集計して，活動コスト・ドライバーを用いて製品への配賦計算を行うが，活動に注目することは管理上も重要である。活動基準管理では，活動を付加価値活動（value added activity）と非付加価値活動（non value added activity）とに分けて考えることになる。

　付加価値活動とは，顧客にとっての製品価値を生み出すために不可避な活動のことである。製品の設計をしたり，製品の組み立てをしたりというような活動は，製品価値を生み出すためになくてはならない活動であるので，付加価値活動とされる。付加価値活動は，製品価値を生み出すために必要なので，この活動を無くしてしまうというようなことはできない。

　非付加価値活動とは，顧客にとっての製品価値を生み出すために必ずしも必要ではない活動のことである。工場内での運搬や保管を行う活動は，工場のレイアウトの見直しなどを行うことによって削減できる可能性のある活動であるので，非付加価値活動とされる。非付加価値活動は，製品価値を生み出すために必ずしも必要ではないので，この活動を無くしてしまう，あるいは削減してしまうことが可能である。

　活動基準管理では，活動を付加価値活動と非付加価値活動とに分けた上で，非付加価値活動は無くしてしまうか，それが不可能ならば，できるだけ削減して，その活動にかかるコストを最小化するように努めることになる。また，付加価値活動についてもさらに効率的に行うことができる可能性があれば，継続的に改善していく必要がある。活動基準管理の流れを大まかに示せば，次のよ

うになる。

- 業務プロセスで行われている活動を分析する。
- 活動を付加価値活動と非付加価値活動とに分ける。
- 非付加価値活動の削減を考え，付加価値活動の改善を考える。

まず，業務プロセスでどのような活動が行われているかを観察し，それぞれの活動に必要な人員規模やその他の資源について調査する。そして，各活動の間の関係などについても調査する。活動を詳しく調べることによって，その活動が顧客にとっての製品価値を生み出すために必要かどうかも明らかになってくると考えられる。活動を付加価値活動と非付加価値活動とに分けることができれば，非付加価値活動については，業務手続きを見直したり，工場レイアウトを見直したりすることで，できるだけその活動を削減できるような方策を検討することになる。また，付加価値活動についてもまだ業務の改善余地があることも考えられる。たとえば，同じ企業の2つの工場で同じような活動の効率が異なっている場合も考えられる。このような場合には，ベンチマーキング（benchmarking）を行うなどして，効率の良い業務手続きを全社的に活用する方策も検討すべきであろう。また，改善しようとする活動コスト・プールの活動コスト・ドライバーに注目することで，何を節約すれば当該活動の消費が抑制されるのかということを検討することも有用であろう。

第5節　活動基準予算管理

活動基準予算管理（activity based budgeting：ABB）とは，予算管理のために活動基準原価計算から得られる情報を利用しようとするものである。活動基準予算管理の場合，製品の予算，活動コスト・プールの予算，資源コストの予算というようにいくつかのレベルについて予算が設定される。この予算の編成プロセスは，活動基準原価計算の逆になると考えられる。活動基準原価計算では，まずどの活動がどの資源をどれだけ消費したかによって活動コスト・プールの費用を集計し，どの製品がどの活動をどれだけ利用したかによって製品の費用を

集計することになる。活動基準予算管理では，まず製品の生産計画に基づいてどの活動をどれだけ利用することになるかを見積もることになる。活動の利用水準が明らかになれば，その活動を行うためにどの資源をどれだけ消費することになるかを見積もり，活動コスト・プールの予算や資源コストの予算を設定することができる。

活動基準予算管理で，製品の予算を編成することを考える。製品の予算は，ここでは製造間接費についてだけの予算と考える。そして，ある製品を生産するために必要な活動を選び出し，それぞれの活動の活動コスト・ドライバーがその製品を生産計画通りに生産することによってどのぐらいの水準になるか見積もる。これに，対応する活動コスト・プールの配賦率を掛け，以下の金額を計算する。

活動コスト・ドライバーの見積もり数量×活動コスト・プールの配賦率

上式の金額をその製品を生産計画通りに生産するために必要なすべての活動について合計すれば，その製品の予算が決まる。

次に活動コスト・プールの予算を編成することを考える。すべての製品を計画通り生産したときのある活動の利用水準を前提にすると，どの資源がどれだけ必要になるか，つまり資源ドライバーの消費量を見積もる。これに，対応する資源コストの配賦率を掛け，以下の金額を計算する。

資源ドライバーの見積もり数量×資源コストの配賦率

上式の金額をその活動の利用水準を可能とするために必要なすべての資源について合計すれば，その活動コスト・プールの予算が決まる。

また，資源コストの予算を編成することを考える場合には，活動コスト・プールの予算を編成するときと同じ式で計算した金額が利用できる。ある資源についてこの式の金額をすべての活動について合計すれば，その資源コストの予算が決まる。

たとえば，段取り替えの活動に必要な資源は，労働力だけだったとする。製

品を計画通り生産したときの段取り替えの回数は1,000回で，作業時間は100時間と見積もられ，段取り替えを行う作業員の予定賃率が1,200円／hとすると，段取り替え活動コスト・プールの予算は，以下のように計算できる。

$$段取り替え活動コスト・プールの予算 = 100 時間 \times 1,200 円／h$$
$$= 120,000 円$$

　この活動基準予算管理における予算額は，生産計画から因果的に説明可能なものであるので，関係者の理解を得られやすいことが1つの特徴と考えられる。また，予算編成の際に，各活動の利用水準が見積もられ，当該活動の現在の能力とのギャップが明らかになると，能力の水準を適切なものにしようとする契機となることも考えられる。

[注]

（1）詳しくは原価計算の教科書等を参照。
（2）正常配賦の問題については，標準原価計算の章の製造間接費の標準配賦率についての記述が参考になる。
（3）この決定問題について検討したものとして，Babad Y. M., and B. V. Balachandran, "Cost Driver Optimization in Activity-Based-Costing", *THE ACCOUNTING REVIEW*, July 1993, pp.563-575 などがある。

第14章
バランスト・スコアカード

第1節　バランスト・スコアカードの概要

　バランスト・スコアカード (Balanced Scorecard) は, Kaplan & Norton によって提唱された[1]。企業の競争力の源泉として有形資産が重要だった時代には, どのような有形資産があり, どのように利用されているかについて財務指標である程度把握することができる。しかし, 企業の競争力の源泉として無形資産の重要性が増してくると, 無形資産について財務指標だけでは把握することができないため, その管理もできないことになる。もともとバランスト・スコアカードは, 財務指標だけを用いて業績評価を行った場合, 評価される管理者などが企業の長期的な発展を犠牲にして近視眼的な行動をとるようになるといった問題に対処することを意図したものと考えられる。財務指標は過去の結果指標であるので, その結果をもたらす先行指標も業績評価に取り入れることの重要性が認識されていた。バランスト・スコアカードに期待される役割にはさまざまなものがあり, 当初の業績評価ツールというものからは重点が変わってきている。バランスト・スコアカードの役割としては, 戦略を実行するための施策および戦略の策定や修正を含む戦略マネジメントのツールとしての役割が重視されるようになってきている。
　戦略マネジメントのツールとしてのバランスト・スコアカードは, 企業のおかれている環境に適した戦略を明確にして, その方向に向けて全社員をまとめ上げていく役割が期待されている。Kaplan & Norton によれば, バランスト・

スコアカードがその役割をうまく果たしている企業においては，5つの原則が働いているということである[2]。その5つの原則とは，以下のようなものである。

1．戦略を現場の言葉に置き換える。
2．組織全体を戦略に向けて方向づける。
3．戦略を全社員の日々の業務に落とし込む。
4．戦略を継続的なプロセスにする。
5．エグゼクティブのリーダーシップを通じて変革を促す。

　まず最初の原則は，戦略を現場の言葉に置き換えるということである。戦略がいかにすばらしいものであっても，社員に理解されなければ，実行されることはない。戦略マネジメントを行う際に，戦略を記述するフレームワークとして，戦略マップが用いられる[3]。因果的に結びつけられた戦略マップを見ることによって，企業の無形資産が戦略により期待される成果にどのように結びついていくのかわかる。戦略マップとそれをもとに展開されたバランスト・スコアカードによって，全社員にとって戦略がわかりやすいものになると期待される。

　2番目の原則は，組織全体を戦略に向けて方向づけるということである。購買，製造，販売といった機能別の部門が設けられている場合，それぞれの部門がセクショナリズムに陥る可能性が高い。このような状態では，戦略を実行に移すことが難しい。このようなセクショナリズムに陥ることを避けるためには，バランスト・スコアカードを組織横断的な方法で活用する必要がある。戦略マップに現れる戦略テーマの優先順位などについて，コミュニケーションを通じて全社員に植え付けることによって，どの部門の社員も戦略目標の実現のためにどういった行動をとるべきかについて，一貫した判断ができるようになることが期待される。

　3番目の原則は，戦略を全社員の日々の業務に落とし込むということである。全社員が戦略に関心を持ち，その実現に動機づけられなければ，戦略は絵に描いた餅になってしまう。全社員に戦略に関心を持ち，その実現に励んでも

らうために，戦略について教育を行ったり，個人レベルまでスコアカードを下ろしていき，個人レベルの目標を設定したりすることも考えられる。またバランスト・スコアカードを成果連動型報酬制度と結びつけることによって，全社員が戦略に関心を持ち，その実現に動機づけられることが期待される。

4番目の原則は，戦略を継続的なプロセスにするということである。戦略は，その進捗状況をモニターして，必要な是正措置をとったり，仮説が間違っていた場合や予期せぬ事象が発生した場合に戦略を修正したりする管理のループがなければ，成果を期待することが難しい。戦略的プログラムを予算編成に結びつけたり，経営会議においてバランスト・スコアカードで用いられる業績指標についてのフィードバック情報をモニターしたりすることで，戦略の進捗状況を管理できる。また業績指標についてのフィードバック情報によって因果関係についての仮説が間違っていたことが明らかになれば，戦略を修正するようになることも考えられる。

5番目の原則は，エグゼクティブのリーダーシップを通じて変革を促すということである。経営のトップがリーダーシップを発揮しなければ，戦略を実行することは難しい。エグゼクティブは，バランスト・スコアカードを導入する各場面でリーダーシップを発揮しなければならない。最初は，全社員に変革の必要性を訴え，理解してもらわなければならない。次に，新しい文化価値を組織に植えつけるため，戦略チームを組織したりすることも必要になる。そして，従来のマネジメント・システムを修正することに指導力を発揮する必要がある。バランスト・スコアカードを成果連動型報酬制度と結びつけることなどを経て，戦略的マネジメント・システムが形成されていく。

第2節 4つの視点

バランスト・スコアカードがどのような役割を期待されているにせよ，バランスト・スコアカードでは，4つの視点からバランスよく企業の業績をみていこうとする。ここでいう4つの視点とは，財務的視点 (Financial Perspective)，

顧客の視点 (Customer Perspective), 社内ビジネス・プロセスの視点 (Internal Business Process Perspective), 学習と成長の視点 (Organizational Learning and Growth Perspective) である。具体的な業績評価指標などは, 企業のビジョンと戦略から導き出して, 4つの視点から業績を評価できるようにバランスよく選ぶ必要がある。4つの視点から選ばれる業績指標は, ただ適当に選べばよいのではなくて, 企業のビジョンと戦略を実現するという観点からどのようなことが必要なのかをよく考慮して選ばなければならない。このような関係を表したフレームワークが, 図表14－1である。

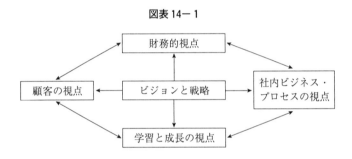

図表14－1

(出所) Kaplan R. S. and D. P. Norton (1996) 邦訳書, p.30, 一部省略。

　財務的視点は, 企業の業績を財務的にみていこうとする視点である。したがってこの視点からは, 利益や資本利益率といったような指標で企業の業績を評価していこうということになる。もともとバランスト・スコアカードでは, 財務的な業績評価指標で評価されることによって, 被評価者が短期的な利益の追求をしてしまう弊害に対処することが意図されていた。しかし短期的な利益の改善に結びつかないような業務改善をしたとして, それが長期的な利益にも結びつかないようでは, 業務改善の目的を達成しているとはいいがたい。このように他の視点から企業の業績をみる場合にも, 財務的視点に結びつけて考えることは重要である。

　顧客の視点は, 顧客と市場セグメントを明確にして, そのターゲットとする

顧客が何を求めているか考えて，顧客はこんなものを求めているのではないかと考えたものがうまく提供できているかをみるとともに，それが顧客に受け入れられていると考えてよいのかをみていこうとする視点である。この視点からは，市場占有率や顧客満足度といったような指標で企業の業績を評価していこうということになる。今あげた指標は，顧客と市場セグメントがどんな場合でも，共通して利用できるものである。ターゲットとする顧客が求めているのが製品の品質であると考えて，それに応えるような製品を提供しようとしているならば，その働きかけがうまくいっているかをみるには，返品率といったような指標が適していると考えられる。この顧客の視点で使われる指標の1つである顧客満足度が高くなれば，顧客がリピーターとなり，口コミによる宣伝効果も期待でき，財務的視点で使われる利益などに好影響を与えるであろうことを想像することは難しくない。

　社内ビジネス・プロセスの視点は，ターゲットとする顧客を自社に引きつけるとともに，株主の期待にも応えられるようにするために，社内のビジネス・プロセスのどこで優れたものを持っていなければならないかを明確にして，そのプロセスが期待通りに働いているかをみていこうとする視点である。この社内ビジネス・プロセスの視点は，既存のビジネス・プロセスをモニターするということにとどまらず，今までやっていなかったが顧客や株主の期待に応える上で重要なプロセスを明らかにして，モニターすることになる。また，ビジネス・プロセスを製品の開発・設計などのイノベーション・プロセスと生産・販売といったオペレーション・プロセスに分けた場合，社内ビジネス・プロセスの視点には，イノベーション・プロセスが取り込まれているという特徴もある。企業の長期的な成功を考えた場合，イノベーション・プロセスがうまく機能することが重要であるので，新製品売上高の割合といったイノベーション・プロセスにかかわる指標を，歩留り率，スループット・タイムといったオペレーション・プロセスにかかわる指標とともに用いることが必要である。

　学習と成長の視点は，企業が長期的に成功を収めるために必要となる従業員，システム，業務手続きに関する基盤が整備されているかをみていこうとす

る視点である。今日の企業がおかれている環境からみて，企業は絶えず改善していかなければ，長期的な成功を収めることはできない。継続的な改善を行うためには，現場の従業員からもたらされるアイデアが重要であると考えられる。このようなアイデアをもたらす従業員の勤労意欲は高いものと考えられるが，この勤労意欲と関係が深いと考えられているのが従業員満足度である。従業員の能力が高くても，必要な情報がタイムリーに得られない状況では，長期的な成功は望めない。必要な情報がタイムリーに得られても，従業員に意思決定の権限が与えられていなかったり，従業員が企業の目指す方向にモチベートされていなかったりすれば，問題である。この問題状況を具体的な指標で表すことは難しい。学習と成長の視点で用いられる指標としては，従業員満足度や情報装備率のようなものがある。

　この4つの視点は，基本形を表すものであり，さらに視点を加えてカスタマイズすることもあるとされている。しかしこの4つの視点は，かなり経験的一般性を持っていると考えられる。まず財務的視点の指標は，従来から用いられてきたものであり，企業にとって資本利益率の向上などが重要であることは確かであろう。企業は顧客に財やサービスを提供しているので，財務的に成功するためには，顧客に満足してもらえる財やサービスを提供する必要がある。顧客に満足してもらえる財やサービスを提供するためには，社内ビジネス・プロセスのどこかに優れたところがなければならない。社内ビジネス・プロセスのどこかに優れたところを生み出すのは，従業員の能力などである。従業員の能力などを高めるためには，ある程度の財務的な成功が必要であるとすると，ここで循環が成立することになる。したがってこの4つの視点で，企業に好循環をもたらし，長期的に成功するために必要な要素をかなり網羅的にとらえることができると考えられる。

第3節　戦略マップ

　前節の記述にもあるように，4つの視点は因果的につながっているものと考

えられている。営利企業の場合，4つの視点の間の基本的な因果関係を表すフレームワークは，図表14－2に示されるようなものである。

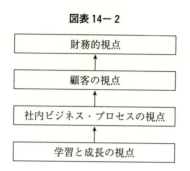

図表14－2

　この4つの視点の間の基本的な因果関係を表すフレームワークを基礎にして，戦略を記述するフレームワークとして作成されるのが，戦略マップである。企業のビジョンや戦略が不明確なときには，それを明らかにすることから始める必要があるが，戦略については，この戦略マップの作成を通じてより具体的になったりすることは考えられる。戦略マップの作成は，財務的視点における目標を決め，それを達成するためには何が必要かということを検討しながら，作成されることになる。Kaplan & Nortonは，戦略マップの雛形を提示している。この雛形をベースにカスタマイズすると，戦略マップの作成が効率化される。戦略マップの雛形は，図表14－3に示されるようなものである。

　この戦略マップの雛形は，戦略マップを作成した場合，それをチェックする目的でも利用することができる。たとえば，製品・サービスの属性にかかわる時間についてまったく触れていない戦略マップができたとすると，この雛形と対比することで，時間は戦略的に重要ではないのかということをもう一度考える契機になる可能性がある。

　図表14－3のなかの顧客の視点にある製品リーダーシップ，顧客関係重視，卓越した業務というのは，次節で扱うことになる価値提案のタイプともいうべきものである。この価値提案のタイプによって，社内ビジネス・プロセスのど

こが重視されるかといったことも変わってくる。このような顧客の視点と社内ビジネス・プロセスの視点の間の結びつきについても，戦略マップは明確に意識できる形になっている。

戦略マップは，どのような道筋で戦略を実現していくのかを示すフレームワークであるので，従業員にとっては，自分の行っている業務が企業全体に

図表14－3

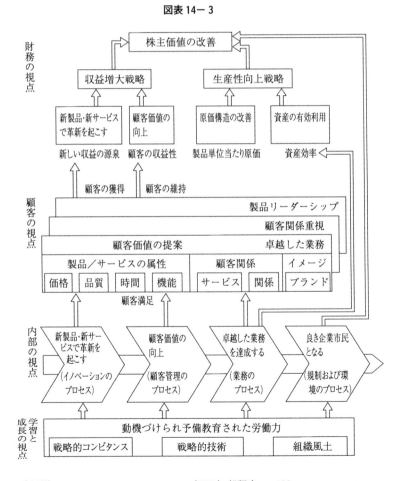

（出所）Kaplan R. S. and D. P. Norton（2001）邦訳書, p.132.

とってどのような貢献があるのかということの理解を助けるものとなる。これによって、従業員のモラールが向上することも期待される。経営者にとっては、何に経営資源を重点的に投入すべきであるかということの理解を助けるものとなる。また、戦略マップの作成を通じて、戦略が明確になることが期待される。戦略マップの作成とともに、戦略が成功した場合、どういった成果が得られるか考慮して、成果指標が業績評価指標として選ばれ、その成果に結びつくと考えられる先行指標も業績評価指標として選ばれる。

第4節　戦略テーマ

　顧客の成果を高めるために顧客に提案されるのが、価値提案である。ターゲットとする顧客に対して、どのような形で自らの差別化を図っていくかというようなことが価値提案には組み込まれている。Kaplan & Norton によれば、Treacy & Wiersema によって提示された自らを差別化するための3つの戦略が、成功した価値提案と整合的であるということである[4]。3つの戦略とは、製品リーダーシップ戦略、顧客関係重視戦略、卓越した業務戦略である。

　製品リーダーシップ戦略は、今までにないような革新的な製品あるいはサービスを開発し、それを有望な市場セグメントに投入することを、組織的に、継続的に行おうとする戦略である。これは、製品あるいはサービスそれ自体の革新性によって、他企業と差別化を図るものである。

　顧客関係重視戦略は、顧客との密接な関係を作り、顧客についての情報を収集して、顧客の要望を察知して、その要望に応えるような製品あるいはサービスを提供していこうとする戦略である。これは、顧客との密接な関係とそれをベースにした適切な対応によって、他企業と差別化を図るものである。

　卓越した業務戦略は、業務の効率を卓越した領域まで高めることによって、顧客が要求する品質を確保した製品あるいはサービスを低価格で適時に提供していこうとする戦略である。これは、他社に真似できないような業務の効率性を実現することによって、他企業と差別化を図るものである。

この３つの戦略はどれも重要で，成功するためには，その１つを高いレベルで実現することを考え，他の２つについても一定のレベルを維持できるように考えていかなければならない。そして３つの戦略のうちどれを重視するかによって，自らを差別化するための要因も変わってくる。図表14－３の戦略マップの雛形の顧客の視点のところに，価格，品質，時間，機能，サービス，関係，ブランドとあるが，どの戦略を重視するにせよ，それぞれの要因は重要であると考えられる。また，ブランドは，どの戦略を重視するにしても差別化要因として重要である。そのほかに差別化要因として重要なのは，たとえば，製品リーダーシップ戦略を重視するならば，時間や機能の面で今までにないような製品あるいはサービスを提供しなければならないので，時間，機能が重要になる。顧客関係重視戦略を重視する場合には，顧客関係が密接で，それを実現するようなサービスが提供されなければならないので，サービス，関係が重要である。卓越した業務戦略を重視する場合には，顧客に受け入れられる品質，時間，機能を備えた製品あるいはサービスを低価格で提供できなければならないので，価格，品質，時間，機能が重要である。

　どのような価値提案をするべきかを考えることによって，ターゲットとする顧客も明確になると考えられるが，そのターゲットとする顧客に対する価値提案を実現するためには，社内ビジネス・プロセスにおける諸活動が必要である。Kaplan & Norton は，社内ビジネス・プロセスにおける諸活動を４つのプロセスに分けている[5]。４つのプロセスは，４つの戦略テーマに対応している。４つの戦略テーマとは，「新製品・新サービスで革新を起こす」「顧客価値を向上させる」「卓越した業務を達成する」「良き企業市民となる」という４つである。

　「新製品・新サービスで革新を起こす」というのは，顧客に受け入れられるような新製品・新サービスを開発し，浸透を図ることである。「フランチャイズを構築する」と訳している場合もある。いずれにせよ，プロセスで考えれば，イノベーションのプロセスということになる。

　「顧客価値を向上させる」というのは，顧客との関係を密接に維持，深化さ

せ，顧客との信頼関係を構築し，その関係を有効活用しようとすることである。プロセスで考えれば，顧客管理のプロセスということになる。

「卓越した業務を達成する」というのは，サプライ・チェーン・マネジメントなどによって業務の効率を高めることである。プロセスで考えれば，業務のプロセスということになる。

「良き企業市民となる」というのは，地域住民なども含む企業外部の利害関係者との関係を良好に維持しようとすることである。プロセスで考えれば，規制と環境のプロセスということになる。

この4つの戦略テーマに対応した4つのプロセスはすべて重要であるが，4つのすべてで非常に優れているというのが現実的ではない。価値提案においてどの戦略を重視しているかに対応して，それに与える影響の大きいプロセスも決まってくる。したがって，そのプロセスに重点的に経営資源を投入していく必要がある。戦略テーマとプロセスの対応関係は，図表14－4のように表される。

この図表14－4からわかるように，製品リーダーシップ戦略を重視して価値提案を行う場合には，主に革新のプロセスで優れた活動を行う必要がある。顧客重視戦略を重視して価値提案を行う場合には，主に顧客管理のプロセスで優れた活動を行う必要がある。そして，卓越した業務戦略を重視して価値提案を行う場合には，主に業務のプロセスで優れた活動を行う必要がある。このような関係が基本ではあるが，たとえば顧客重視戦略を重視して価値提案を行う場合に，顧客の要求を察知しても，それに応える新製品などを開発できなければ，成功することはできない。この場合，革新のプロセスが非常に重要であるということがありえる。

前節の戦略マップを作成する際には，顧客にどんなことを重視した価値提案を行うのか考えて，その価値提案を実現するために，戦略テーマに対応したどのプロセスで優れた活動をする必要があるかということを検討することが重要である。ただし，価値提案のタイプや戦略テーマはどれも重要であり，特に重視はされないテーマについても一定のレベルを維持できるように考えていくことが必要である。

図表 14—4

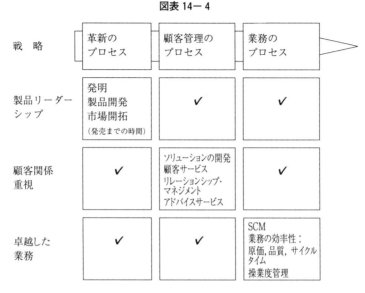

(出所) Kaplan R. S. and D. P. Norton (2001) 邦訳書, p.126.

第5節　報酬との結びつき（個人のレベル）

　前述のように，財務指標だけを用いて業績評価を行った場合，評価される管理者などが企業の長期的な発展を犠牲にして近視眼的な行動をとるようになるといった問題に対処するという意図は重視されるので，個人の報酬とバランスト・スコアカードを結びつけて考えるのは自然であると思われる。実際にバランスト・スコアカードを導入した企業では，バランスト・スコアカードと報酬を連動させている場合が多いようである。バランスト・スコアカードと報酬を連動させることによって，戦略の実現にとって重要な業績評価指標へ従業員の意識を向けさせることができ，従業員のモチベーションを高めることができると期待される。

　バランスト・スコアカードと報酬を連動させようとする場合には，いくつか

の問題に注意を払う必要がある。まず，バランスト・スコアカードの構築を始めてから，どの時点で報酬に結びつけるかということである。戦略マップを作成して，業績評価指標が選ばれたとしても，それは戦略を成功裏に導く因果関係の仮説にすぎない。したがって，バランスト・スコアカードを導入してからしばらくの間は様子をみて，因果関係についての仮説をある程度検証してから，報酬と結びつけるということも考えられる。

また，バランスト・スコアカードでは，さまざまな業績評価指標が用いられるが，報酬と結びつけるということを考えた場合，顧客への訪問回数といった活動に基づく業績評価指標ではなく，新規契約件数などの客観的な成果指標を使うのが，望ましいとされる。顧客満足度のような主観的な指標は，販売員がその調査にかかわる場合には，調査結果がゆがめられる可能性もあることに注意を要する。

次に，報酬に結びつけられる業績評価指標の数は，どのぐらいが望ましいのかという問題もある。従業員にとって理解が容易になるように業績評価指標の数をあまり増やさないようにした方がよいという考え方がある一方で，戦略の因果関係を従業員が十分に理解しているような場合には，因果関係に基づいて選ばれた業績評価指標が多少多くても，従業員が理解できないというようなことはないという考え方もある。

そして，特定の個人の業績にかかわる業績評価指標を用いるべきか，それともチームの業績にかかわる業績評価指標を用いるべきかという問題もある。実際に，バランスト・スコアカードと報酬を連動させている企業では，両方の指標を組み合わせて利用していたり，チームの業績にかかわる指標だけを利用していたりする。チームの業績にかかわる業績評価指標を用いる場合には，チーム・プレーが尊重され，従業員の協調的な行動が促進されると期待される一方で，チームの業績がよければ，自分は努力しないでも，高い報酬を得られるというフリー・ライダー（Free rider）の問題が生まれる。しかし，一緒に仕事をしている人に，各個人の努力水準がある程度わかるならば，フリー・ライダーの問題は，それほど深刻化しないと期待される。

企業環境の変化が激しい場合には、バランスト・スコアカードと報酬を連動させない方がよいことも考えられる。環境の変化が激しい場合には、業績評価指標の見直しも頻繁に行わなければならないので、それによって従業員が混乱することも考えられる。このような場合、バランスト・スコアカードと報酬を連動させない方が、バランスト・スコアカードの見直しも行いやすいと考えられる。

第6節　ダブル・ループの戦略マネジメント・システム

バランスト・スコアカードは、業務管理ループと戦略学習ループとを統合したダブル・ループの戦略マネジメント・システムとして運用することが望ましいとされる。業務管理ループというのは、通常の予算管理における計画と統制のループということにはなるが、このなかに戦略的要素が組み込まれることになる。戦略学習ループというのは、戦略を学習して修正を図ったり、環境への適応を図ったりするためのループである。ダブル・ループの戦略マネジメント・システムを図で表したものが、図表14－5である。

業務管理ループには、業務予算の内容と戦略予算の内容が組み込まれる必要がある。業務予算は、今までやってきたことの延長線上にある業務について見積もられる収益と費用に関する予算である。戦略予算は、戦略的実施項目に関する予算であり、予算に組み込まれることで実施に必要な資源が確保される。数多い戦略的実施項目のうち、どの項目に資源を配分すべきか検討する際にも、バランスト・スコアカードは有用である。戦略マップを作成する際には、業績評価指標とともにその目標値とそれを達成するための実施項目も検討される。どのような価値提案を重視していて、どのような因果関係を想定しているかによって、優先されるべき実施項目も明らかになると考えられる。実施項目に資源が配分されることになれば、その実施項目に対応する業績評価指標の目標値も明らかになり、チェックが行われることになる。

戦略学習ループは、戦略それ自体あるいは戦略マップで想定している因果関

係が妥当であるかチェックすることにかかわるものである。因果関係が妥当かどうかは、業績評価指標間の相関を調べることなどによって、明らかになってくる。上位の経営管理者を構成員とする経営会議で、バランスト・スコアカードにおける業績などをもとにして、戦略の修正を含めた事項の検討が行われる。一方で、全従業員が戦略について理解し、その修正についてアイデアを出せるようにすることも重要である。そのため、全従業員が業績データを共有できるようにするようなことも考えられている。この2つのループをうまく働かせることで、戦略を継続的に管理できる。

図表14−5

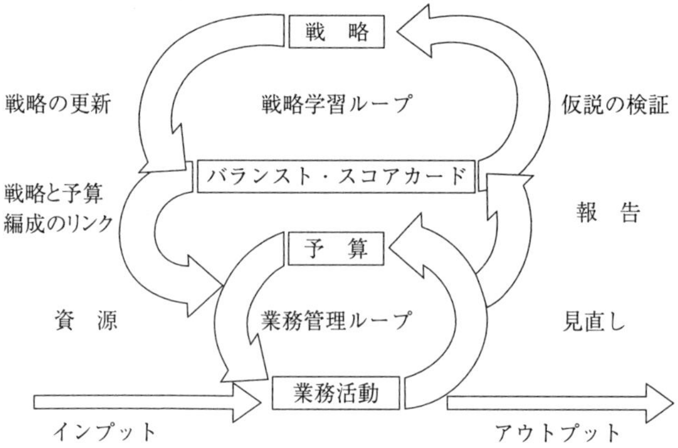

(出所) Kaplan R. S. and D. P. Norton (2001) 邦訳書, p.348, 一部省略。

[注]

(1) Kaplan R. S. and D. P. Norton, *The Balanced Scorecard*, Harvard Business School Press, 1996 (吉川武男訳『バランス・スコアカード』生産性出版, 1997年).
　―――, *The Strategy-Focused Organization*, Harvard Business School Press, 2001 (櫻井通晴監訳『戦略バランスト・スコアカード』東洋経済新報社, 2001年).
(2) Kaplan R. S. and D. P. Norton, 2001.
(3) 戦略を記述するフレームワークであり、戦略によってもたらされると期待される成果

とその成果をもたらす要因を結びつけて示したもの。
(4) Kaplan R. S. and D. P. Norton, 2001. Treasy M.and F. Wiersema, *The Discipline of Market Leaders: Choose Your Customers, Narrow Your Focus, Dominate Your Market,* Addison-Wesley, 1995.
(5) Kaplan R. S. and D. P. Norton, 2001.

第15章
無形資産価値情報による業績評価

第1節　無形資産価値情報利用における問題点

　無形資産のなかでも重要性の高いものがブランドであると考えられる。『ブランド価値評価研究会報告書』によれば、ブランドとは「企業が自社の製品等を競争相手の製品等と識別化または差別化するためのネーム、ロゴ、マーク、シンボル、パッケージ・デザインなどの標章」ということになる[1]。この定義は、ブランドが他の無形資産と区別して売買したりすることが可能という考え方とも整合する。一方、伊藤は、「コーポレート・ブランドはもはや企業イメージの範疇を大きく超えた概念である。それは、無形資産をシンボリックに総称したものに他ならない。」としている[2]。このように、ブランドといった場合どの範囲の無形資産が入ってくるのか一概に決められない面もあると考えられる。

　本章では、ブランド価値を経営管理者等の業績評価をするにあたって利用できる可能性があるかどうかを検討していくが、ブランドには多くの無形資産が入る可能性があることも考慮して、タイトルでは無形資産という言葉を用いている。無形資産の重要性については、財務会計の分野で頻繁に取り上げられている。また管理会計の分野でも、無形資産をどのように管理すべきかといった問題は取り上げられている。しかし、経営管理者等の業績評価へブランドを代表とする無形資産価値を利用しようということは、あまり考えられていないと思われる。ブランドが業績評価の問題と結びつけにくい理由としては、ブラン

ド価値を客観的に測定することが困難であるということ，ブランド価値への貢献度を部門ごとに把握するのはさらに困難であることなどが考えられる。業績評価をする方法に工夫を加えることによって，こういった問題を克服できるか検討する。

第2節　バランスト・スコアカードおよびEVA®とブランド価値

　業績評価の分野で注目を集めているものに前述のバランスト・スコアカードとEVA®がある。ブランド価値を業績評価に用いることができるのではないかと考えたのは，バランスト・スコアカードおよびEVA®とブランド価値の関係が深いと考えられたからである。この点について，ここで検討する。

　バランスト・スコアカードは，短期的な財務指標のみを業績評価に用いた場合に，評価される管理者等が非常に近視眼的な行動をとることが予想されるので，これに対処しようとしたものと考えることができる。バランスト・スコアカードは戦略マネジメントのツールとも考えられるが，業績評価にかかわる面を取り上げれば，さまざまな視点から業績評価を行うことにより，たとえ短期的には利益を生まないと考えられるような活動であっても経営者が戦略的に重要であると考えるような活動を下位の管理者や従業員にとってもらうことが期待される。バランスト・スコアカードは，Kaplan & Nortonによって開発されたものであり，財務的視点，顧客の視点，社内ビジネス・プロセスの視点，学習と成長の視点にかかわる業績評価指標が用いられる[3]。

　まず財務的視点の各指標であるが，利益や資本利益率などは，ブランド価値と関係が深いと考えられる。ブランド価値の高い企業は，多くの顧客をファンとしてつかんでいるので，長期的，安定的に利益を確保できる可能性が高い。つぎに顧客の視点の各指標であるが，ブランドのファンは，そのブランドの製品等を消費することによって他では得られない満足を得ていると考えられるので，ブランド価値の高い企業では，顧客満足度も高いと思われる。社内ビジネス・プロセスの視点の各指標についても，ブランド価値の高い企業では，その

企業の生産する製品の信頼性が高く，納期なども守られていると考えられるので，リードタイムや歩留り率といった指標もよくなっているものと思われる。そして学習と成長の視点の各指標についても，ブランド価値の高い企業では，そこで働く従業員は誇りややりがいなどの精神的な満足を得て，自ら進んで創造的に仕事をすることが考えられるので，従業員満足度や従業員定着率は高く，提案件数なども多いものと思われる。

以上のことから，バランスト・スコアカードで用いられる業績評価指標を向上させることとブランド価値を向上させることとの間に相関関係がある可能性がある。伊藤においても，ブランド価値の評価に関連してバランスト・スコアカードが取り上げられている[4]。

次に$EVA^®$とブランド価値との関係について検討する。$EVA^®$は，利益等他の業績評価指標に比べて，株主価値に適合する業績評価指標であるといわれている。$EVA^®$によって，企業が株主価値を創造したか破壊したかを判断することが可能になる。$EVA^®$を業績評価指標として採用する企業も増加して，近年，注目を集めている。

企業が将来にわたって得るであろう$EVA^®$の現在価値の合計を，市場付加価値MVAという。理論的には，企業の価値は，投下資本とMVAを足したものになるはずである[5]。また公開企業の価値は，株式の時価総額に負債の時価総額を足したものである。したがってMVAは，株式の時価総額と負債の時価総額から投下資本の金額を引いたものになる。

一方，ブランド価値を評価する方法には，さまざまなアプローチがある。その1つに残差アプローチというものがある。このアプローチでは，株式の時価総額から純資産の簿価を控除した残りをブランド価値と考える。この残りには，ブランド以外の無形資産の価値が入っている可能性があるが，ブランドの範囲を広くとらえ，負債の簿価と時価があまり変わらなければ，MVAとブランド価値は，ほぼ同じということになる。

MVAとブランド価値は，ほぼ同じとしても，$EVA^®$とブランド価値との関係は間接的なものである。$EVA^®$は単年度の指標であるのに対して，MVAは将来

の期間にわたってのEVA®を考慮して計算される。しかし，現状のEVA®を前提にして，将来の期間にわたっても同程度のEVA®が得られるであろうとナイーブに予測することにある程度合理性があると考えられるようなケースにおいては，ブランド価値とEVA®との間にある程度の比例関係があることも考えられる。

第3節　ブランド価値の評価方法

　ブランド価値を業績評価に利用することの可能性を考える上で，一番問題になると考えられるのは，ブランド価値を客観的に評価することが難しいということであろう。前に述べた，残差アプローチの他にもブランド価値を評価しようという試みには以下のようなさまざまなものがある[6]。
　・残差アプローチ
　・コスト・アプローチ
　・マーケット・アプローチ
　・インカム・アプローチ
　・マーケティング評価モデル

　残差アプローチについては先ほど述べているので，それ以外のアプローチについて若干コメントしておく。コスト・アプローチは，ブランドを形成するのにどのぐらいの支出を要したかでブランド価値を評価するものである。マーケット・アプローチは，類似のブランドが市場で売買されたとき，その価格でブランド価値を評価しようとするものである。インカム・アプローチは，ブランドが将来もたらすであろうと期待される超過収益の割引現在価値でブランド価値を評価しようとするものである。マーケティング評価モデルは，認知度，忠誠度といった定性的要因も考慮してブランド・スコアを求め，これを貨幣額に換算してブランド価値を評価しようとするものである。

　これらのアプローチには，それぞれ長所短所があり，一概にどの方法がよいと決めることは難しい。また，それぞれのアプローチのなかにもさまざまなバ

リエーションがあり，見積もりの要素が入ってくる場合もあるので，ブランド価値を客観的に評価することは困難である[7]。

さらにコーポレート・ブランドの価値とプロダクト・ブランドの価値との間には，相乗効果があり，両者を区別して評価することは困難であるという問題もある。つまり評価できる可能性が高いのは全体としてのブランド価値ということになる。

ブランド価値を評価することは，このようにきわめて困難なことであるが，さまざまな新聞や雑誌等で発表されるブランド・ランキングなどをみると，上位にランクされる企業は同じようなものである[8]。このようなことから，何らかの方法でブランドを評価した場合，その評価額はまったくでたらめというわけではなく，ある程度は適切に評価されているものと考えることができる。

第4節　評価対象者および利用方法

評価できる可能性が高いのが全体としてのブランド価値であるとすると，その評価額から個々の部門がどのぐらい貢献したかを知ることはできない。このことからブランド価値を業績評価に利用するとしたならば，評価対象者としては，特定の部門の長という立場になく全体に責任を持つ役員などに絞り込まれる可能性がある。ただ，コーポレート・ブランドの価値とプロダクト・ブランドの価値との間に相乗効果があまりない場合には，コーポレート・ブランドの価値と切り離してプロダクト・ブランドの価値を評価することも可能になると考えられる。このような場合で，プロダクトごとに事業部が設けられていれば，事業部長の業績評価にそのプロダクト・ブランドの価値を利用することも可能であろう。

またブランド価値を客観的に評価することが難しいため，ブランド価値を業績評価にそのまま使おうと思っても，評価する側，される側双方に納得できるようなかたちで利用することは難しい。業績評価に利用できるようにするために，独立の第三者に評価してもらうということも考えられるが，すぐに実施す

ることは難しいであろう。このほかにブランド価値を業績評価に利用する方策はないか以下で検討する。

　まず，ブランド価値がいくらであるとかそのためにどれぐらい貢献したかということは，検証不能であるが，ブランド価値の向上のために何をしたかと聞くことはできる。ブランド価値向上のためにしたことをレポートにまとめて提出してもらうというようなことである[9]。レポートの内容自体も検証不能の部分が多く，レポートの内容によって報酬を変動させるというようなことは難しいであろう。しかし，このような制度がある場合には，レポート提出を求められる側は，「何もしなかった」とは書きにくいので，一定のプレッシャーを被評価者に与えることが可能であると思われる。このような制度は，対話型統制システムの一種と考えられる。Simonsのいうような対話型統制システムとして運用するならば，定期的にブランド価値を評価してそれを材料にして対話する機会を設ければ，何に関心を向けるべきかが明確になる。それによって，部下は質問を想像し，回答のためにデータを収集したり，アクションプランを提案したりすることが期待される[10]。

　また，検証不能の情報もボーナスプールを用いた場合には，好ましい結果をもたらす可能性があることがBaiman & Rajanによって示されている。エージェンシーモデルによる分析から，以下の命題が得られる[11]。

　命　題
　モデルにおいて，検証不能な情報（yk）を，ボーナスプールを用いた報酬契約に，利用する方が利用しない（ベンチマーク・ケース）よりもパレート優位である。

　なぜこのような命題が得られるのかを，直感的にいうならば以下のようになる。検証不能な主観的情報は，評価をする者が報酬を支払うのが嫌でわざと低い評価をする危険がある。このようなことがありえることを評価される側もわかっているので動機づけがうまくいかない。しかしボーナスプールを用いる

と，全体としてボーナスプールの分は支払わなければならないことが決まってしまうので，ボーナスプールのなかから誰に大きな配分を与えるかというようなことを決定する際に検証不能な主観的情報を利用しても評価がゆがめられる危険性は少ない。このため動機づけがうまくいくことになる。

　このモデルにおいて，検証不能な情報はまったくでたらめのものであってはならず，ある程度当たっていなければならない。ある程度当たっているとは，頑張れば頑張るほど「頑張った」という評価が出る可能性が高くなるというようなことである。先にも述べたように，ブランドの評価額はまったくでたらめというわけではなく，ある程度は適切に評価されているものと考えることができるので，ボーナスプールを用いれば，ブランド価値を業績評価に利用できる可能性がある。

　たとえば，プロダクト・ブランド価値の向上が一番であった製品事業部門を表彰して賞金を与えるような制度もボーナスプールの一種と考えられる。どのような場合にも，一定の賞金を支払うことを約束することによって，検証不能なブランド価値を報酬契約に盛り込むことが可能になると考えられる。

　しかし，Baiman & Rajan のモデルにおいて，検証不能な情報はそれぞれの部門の成果の情報に加えて利用することが想定されている。ブランド価値に成果情報がすべて盛り込まれているというケース以外は，ブランド価値だけを業績評価に利用すればよいということにはならないであろう。また全体のブランド価値で役員を評価しようとする場合，ボーナスプールからの配分を変えることは全体のブランド価値だけではできないので，どうしてもブランド価値を向上させるためにどのような貢献をしたかというプロセスを評価する必要が出てくる。この場合の評価は，バランスト・スコアカードに近いものになると考えられる。

第5節　報酬システム設定上の問題

　ボーナスプールを用いた場合でも，ブランド価値を大きくした人にボーナス

図表 15－1

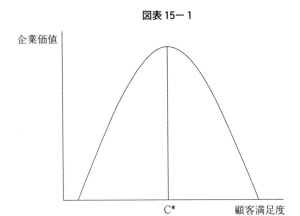

（出所）Zimmerman J. L.（2003）p.707.

プールからより大きな配分を与えることになるであろうし，対話型統制システムでも，影響力を与えてブランド価値向上を奨励することになるであろう。ブランド価値を高めることは望ましいとしても，無制限に広告宣伝費などのコストをかけることには疑問が残る。ブランド価値を高めることを奨励して，ブランド価値が望ましい水準以上になってしまうことはないのであろうか。

　Zimmerman は，図表 15－1 のような関係について触れている[12]。図はバランスト・スコアカードについて書かれたものなので，横軸が顧客満足度になっている。顧客満足度を高めると最初のうちは企業価値も高まるが，一定の水準を越えると顧客満足度を高めるためのコストが効果を上回り，かえって企業価値は低くなってしまうという関係を，この図は表している。「他の条件が一定ならば」ということが暗黙に仮定されていると考えられるが，このような現象は収穫逓減の考え方とも整合するので受け入れやすい。この図の横軸をブランド価値に置き換えてみると，ブランド価値を高めると最初のうちは企業価値も高まるが，一定の水準を越えるとブランド価値を高めるためのコストが効果を上回り，企業価値は低くなってしまうということになるであろう。

　しかし，ブランド価値のように最近になって注目を集めるようになったもの

に関しては，望ましい水準以上になってしまうというようなことはあまり考えなくてもよいのではないだろうか。たとえば，歩留りなどは以前より注目を集め，それを向上させる企業努力が積み重ねられていると考えられる。その結果，企業によっては，ほとんど不良が出ないような状態になり，それによって企業価値も高まったと考えられる。このような状態からさらにコストをかければ何百万に1つあるかないかというような不良をなくすことができたとしても，そのようなコストをかけることは現実的ではない。それに対して，ブランド価値を積極的に高めようという企業努力は今までそれほど一般的には行われてきてはいないのではないだろうか，そのためあまりコストをかけずにブランド価値を高める余地がまだあるのではないかと考えられる[13]。ブランド価値を高める方法にはコストがかかるものもあるかもしれないが，利益なども業績評価指標として使っていれば，期待されるベネフィットと比較してコストのかからない方法から採用されることが期待される。どこの企業も同じようなブランド価値向上策を採用し，コストをかけなければブランド価値を高めることが難しいというような状態になったならば，その時点でブランド価値を高めることを単純に奨励していいものか考える必要があるかもしれない。

第6節　ブランド価値による業績評価の独自性

　バランスト・スコアカードで用いられる業績評価指標を向上させることとブランド価値を向上させることとの間に相関関係がある可能性があることを第2節において指摘した。このことは，かえってブランド価値を業績評価を行うにあたって利用する必要がないという理由にもなりえる。前述のように，ブランド価値を客観的に評価することは非常に困難であるので，わざわざブランド価値を評価してからその評価額で業績評価を行うよりは，バランスト・スコアカードの各指標で業績評価を行った方が効率的だと考えられるからである。
　またブランド価値の評価のやり方によっては，MVAとブランド価値はほぼ同じになることも第2節において指摘した。MVAは企業の株価と連動するの

で，株価で業績評価を行えば，ブランド価値で業績評価をする必要はないのではないかということも考えられる。他の指標で業績評価を行ったのでは得られないような効果を，ブランド価値で業績評価を行った場合に期待することができるのかを以下で検討する。

　まずバランスト・スコアカードの各指標で業績評価を行うことに対する，ブランド価値による業績評価の独自性を考える。バランスト・スコアカードは，戦略を実現するという観点から各指標を因果的に結びつけながら展開されるものである[14]。戦略を実現するためには具体的にどういったことをやらなければならないかを従業員に明示できるという点に優れた特徴を持っている。しかしもし，期待するアウトプットを実現するための因果関係がわからないのであれば，プロセスをモニターしても意味がないと考えられる[15]。期待するアウトプットを実現するための因果関係がわかっているならば，期待するアウトプットを実現するためにやらなければならないことがその通りに行われているかどうかプロセスをモニターすることに意味が出てくる。ブランド価値を高める要因は何かというようなことについては研究が進められていると思われるが，ブランド価値が形成されるメカニズムについては不明な点が多いと考えられる。また，品質を一定の水準に保つことや安全性が重要な場合には，自由裁量やイノベーションを限定し，プロセスが決められた通りに行われているかモニターすることに意味がある。イノベーションを望むならば，プロセスではなく，アウトプットをモニターすべきということになる。ブランド価値を高めるためにはイノベーションも必要と考えられる。バランスト・スコアカードがどちらかというとプロセスにかかわる指標をかなり取り込んでいることからすると，ブランド価値はアウトプット指標として意味を持つ可能性が考えられる[16]。つまり期待するアウトプットを実現するためのプロセスの因果関係がわからなかったり，イノベーションを期待する場合には，バランスト・スコアカードとは違った独自性が，ブランド価値による業績評価に認められる可能性がある。

　つぎに株価で業績評価を行うことに対する，ブランド価値による業績評価の独自性を考える。株価で業績評価を行うということは，被評価者が株価を向上

させることを求められるということである。しかし「株価を上げろ」といわれた場合，あまりに漠然としていて，具体的に何をしたらよいのかわからないことが考えられる。この点，バランスト・スコアカードは，具体的に何をすべきか明示できる。それでは「ブランド価値を上げろ」といわれた場合はどうであろうか。この場合も，バランスト・スコアカードのようには具体的にすべきことが明示されるわけではないかもしれない。しかし，ブランドは最近注目を集めていることもあり，マーケティング関係の文献でブランド価値をいかに向上させるかといったことを記述したものが，数多く出版されている[17]。このような文献のなかには，ブランド価値を向上させるためになすべきことのヒントが含まれている可能性がある。少なくとも，「株価を上げろ」といわれるよりも，「ブランド価値を上げろ」といわれた方が，具体的に何をすべきかイメージしやすいのではないかと思われる。

このようにみてくると，バランスト・スコアカードを利用するほど因果関係の理解が十分でない場合や，「株価を上げろ」といわれたのでは具体的に何をすべきかイメージが浮かばない場合，中間的なものとしてブランド価値で業績評価を行うことに意味が出てくるかもしれない。

第7節　本章のまとめ

ブランド価値を客観的に評価することは困難であるので，そのままブランド価値を業績評価に利用することは難しい。しかし第4節で述べたように，評価対象者を絞り込み，対話型統制システムとして運用したり，ボーナスプールを用いた業績評価報酬システムにおいて利用するならば，ブランド価値を業績評価に利用することは，ある程度可能であると考えられる。

ブランド価値を業績評価に利用することが可能であっても，利用することによってかえって企業価値に悪影響が出ることはないかについて第5節で追加的に検討した。この点については将来的に問題になることは考えられても，今のところそれほど心配する必要はないと考えられる。またブランド価値で業績評

価を行うことに，他の指標で業績評価を行うのとは違った意味がある可能性も第6節で検討した。

[注]

(1) 経済産業省・企業法制研究会・ブランド価値評価研究会『ブランド価値評価研究会報告書』2002年。
(2) 伊藤邦雄「コーポレート・ブランドの評価と戦略モデル」『ハーバード・ビジネス・レビュー』ダイヤモンド社，2002年3月，pp.38-53。
(3) Kaplan R. S., and D. P. Norton, *The Balanced Scorecard*, Harbard Business School Press, 1996（吉川武男訳『バランス・スコアカード』生産性出版，1997年）.
(4) 伊藤邦雄『コーポレートブランド経営』日本経済新聞社，2000年。
(5) この点については，佐藤紘光，飯泉清，齋藤正章『株主価値を高める EVA® 経営』中央経済社，2002年，参照。
(6) 経済産業省・企業法制研究会・ブランド価値評価研究会，前掲書を参照。
(7) 1つの評価方法に決めれば，誰が評価しても同じ評価額になることはあり得る。
(8) たとえば，『日本経済新聞』や『週刊東洋経済』などでブランド・ランキングが発表される。
(9) 日本経済新聞2002年5月3日朝刊11面によると，アンリツでは執行役員や理事クラスの自己評価リポートに「ブランド価値にどんな貢献をしたか」という設問を取り入れて，ブランド価値向上を意識させようとしている。
(10) 対話型統制システムについては，Simons R., *Performance Measurement and Control Systems for Implementing Strategy*, Prentice-Hall, 1999（伊藤邦雄監訳『戦略評価の経営学』ダイヤモンド社，2003年）参照。Kaplan R. S., and D. P. Norton, *The Strategy-Focused Organization*, Harbard Business School Press 2001（櫻井通晴監訳『戦略バランスト・スコアカード』東洋経済新報社，2001年）も，バランスト・スコアカードを対話型統制システムとして用いることを示唆しているが，Simons は，バランスト・スコアカードよりも少ない数の指標に注目することを考えていると思われる。
(11) モデルおよび命題の証明については，Baiman S., and M. V. Rajan, "The Informational Advantages of Discresionary Bonus Schemes", *THE ACCOUNTING REVIEW*, Vol.70, No.4, 1995, pp.557-579, 参照。
(12) Zimmerman J. L., *FOURTH EDITION ACCOUNTING FOR DECISION MAKING AND CONTROL*, McGRAW.HILL 2003.

(13) よい製品を作り続けてきたことにより，結果としてブランド価値が高くなり，それを大切にしているというような例は，以前からあると思われる。
(14) Kaplan R. S., and D. P. Norton, 2001, op. cit.
(15) このあたりの議論については，Simons R., op.cit. 参照。
(16) ブランド価値の評価のしかたによっては，ブランド価値を向上させるプロセスを細かく評価することも考えられるが，たとえば，ブランド価値評価研究会の提示した方法ならば財務諸表項目だけから評価可能なので，アウトプット指標と考えることができる。
(17) たとえば，Keller K. L., *Strategic Brand Management*, Prentice-Hall, 1998（恩蔵直人・亀井昭宏訳『戦略的ブランド・マネジメント』東急エージェンシー出版部，2000 年). などがあげられる。

【付記】本章は,「経営管理者等の業績評価への無形資産価値情報の利用可能性」『會計』第 165 巻第 6 号，2004 年 6 月，pp.87-100 を加筆修正したものである。

第16章
非営利組織における業績評価

第1節　本章における問題の概要

　わが国においても，行政組織や企業にできないような事業の担い手としてNPOが注目を集めるようになってきた。NPOのような非営利組織における業績評価は，営利組織の場合と比べて難しい問題を多く抱えている。営利組織の場合には，最終的には利益を得ることが目的であるから，利益を業績評価指標として用いればよいという面がある。しかし非営利組織の場合には，利益を得ることは目的ではなく，さまざまな目的を持っているために，目的が達成されているかを判断する指標として適切なものを選ぶことは難しい。

　営利組織の業績評価においても，利益などの財務数値だけを用いて業績評価を行うことの問題点が認識されるようになり，さまざまな指標をバランスよく取り入れたバランスト・スコアカードも用いられるようになってきている。非営利組織の場合にも，自治体などにおいてはバランスト・スコアカードを用いるところも出てきているようである。非営利組織において業績評価を行う場合，バランスト・スコアカードは有効なのであろうか。

　本章では，NPOを中心にして，非営利組織における業績評価問題を検討する。まず，バランスト・スコアカードが非営利組織で有効なものか検討した後で，その他の統制ツールについても検討する。そして，特にNPOの活動にとって重要なボランティアをどのように扱うべきか検討する。その上で，非営利組織において，どのような業績評価あるいは統制のやり方が有効なのか検討する。

第2節　NPO の現状と課題

　NPO とはどういうものなのかを簡単にみてみたい。NPO は，Non-Profit Organization の頭文字をとったものであり，非営利組織を意味する。ただ，地方公共団体のような民間の組織でないものは，NPO とは呼ばない[1]。したがってNPO とは，公益を目的とした民間の非営利組織と考えることができる。

　公益を目的とした民間の非営利組織というと，社団法人，財団法人，医療法人，学校法人，社会福祉法人なども含まれる。一般に NPO というと，狭義には，社団法人，財団法人，医療法人，学校法人，社会福祉法人など以外の公益を目的とした民間の非営利組織のことをさす場合が多い。

　狭義の NPO のうち，特定非営利活動促進法（NPO 法）の要件を満たして法人格を取得した法人を NPO 法人という。NPO 法人とは，次の要件を満たす法人である。

① 特定非営利活動を行うことを主たる目的とする団体で，NPO 法が定めるところにより設立された法人であること。
② 次のいずれにも該当する団体であること。
ⅰ 「社員の資格の得喪に関して，不当な条件を付さない」かつ「役員のうち報酬を受ける者の数が，役員総数の3分の1以下である」団体であって，営利を目的としない団体であること。
ⅱ 「宗教活動等を行うことを主たる目的とせず」，「政治活動等を行うことを主たる目的とせず」かつ「選挙活動等を行うことを目的としない」団体であること。

　特定非営利活動の分野としては以下のようなものがある。
1．保険，医療または福祉の増進を図る活動
2．社会教育の推進を図る活動
3．まちづくりの推進を図る活動
4．学術，文化，芸術またはスポーツの振興を図る活動

5．環境の保全を図る活動
6．災害救援活動
7．地域安全活動
8．人権の擁護または平和の推進を図る活動
9．国際協力の活動
10．男女共同参画社会の形成の促進を図る活動
11．子どもの健全育成を図る活動
12．情報化社会の発展を図る活動
13．科学技術の振興を図る活動
14．経済活動の活性化を図る活動
15．職業能力の開発または雇用機会の拡充を支援する活動
16．消費者の保護を図る活動
17．前各号に掲げる活動を行う団体の運営または活動に関する連絡，助言または援助の活動

特定非営利活動は広く解釈可能なので，通常企業が行っているかなり多くの事業が含まれることになる。

NPO法人は非営利活動を行うわけであるが，非営利というのは無償でサービスなどの活動をするということではなくて，有償で行ってもよい。ただ，利益を構成員に分配することはできないというのが，非営利の意味である。従業員に給料を支払うことも利益の分配には当たらないので可能である。ただし，役員報酬を無制限に認めると実質的に利益の分配になってしまう可能性もあるので，役員報酬を受けることができる役員の数は制限されている。

日本のNPOの現状はどうであろうか。本間・金子・山内・大沢・玄田によれば，今現在NPOで働ける人というのは，他に職業を持っている人や主婦や定年退職者や学生などに限られるということである[2]。2001年の調査で，NPOで働く常勤の事務局スタッフの年間給与は，全体の86％が300万円未満であり，平均で134万円で，非常勤スタッフの年間給与は，全体の85％が100万円未満であり，平均で51万円ということである。ボランティア活動につい

ては，個人に手当を支払っている団体は2割弱ということである。さらにNPO法人で事務局スタッフと雇用契約を結んでいるのは3割強で，就業規則を持つのは3割弱，雇用保険や労災保険に加入しているのが3割弱で，健康保険や厚生年金保険に加入しているのが2割強ということである[3]。

　このように現在日本のNPO法人で常勤のスタッフとして働いて暮らしていくのは，非常に難しいことと考えられる。多くのNPO法人のスタッフは，自分が提供している労働の対価としてはかなり少ない額を受け取っていることになる。このような状況のもとで，スタッフの業績評価を行い，その結果によって報酬額を多少変化させても，それによってスタッフを動機づけるのは難しいだろうということは想像に難くない。

　海外に目を向けるとかなり大規模なNPO法人もあり，スタッフも労働の対価として十分な報酬を得ているケースも多いようである。このような場合には，報酬によってスタッフを動機づけることは可能であろうか。このような場合でも，NPO法人で働くスタッフは，一般企業で働く人に比べて金銭的報酬のためだけに働いているのではないと考える人が多いと想像できるので，金銭的報酬による動機づけは難しいと考えられる。

　NPO法人のトップの業績評価は，誰がやるのかという問題もある。株式会社の場合，最終的にはトップの業績評価を株主が行うといってもよい。NPO法人の場合にも社員総会というのはあるが，資金を提供している一般の寄付者などがトップの業績評価をすることはない。このようなことではチェックが働きにくいことにもなってしまうので，誰にいくら報酬を支払ったかという開示は必要であろう。NPOは寄付によって成り立っていることが多いので，トップの業績がすばらしいからといって巨額の報酬を与えるようなことは，寄付をする人の感情も考えれば難しいであろう。このようなことからもNPO法人で，金銭的報酬を動機づけに用いることは難しくなると考えられる。

第3節　非営利組織における業績評価の困難性

　Horngren & Sundem & Stratton によれば，非営利組織では，アウトプットを測定するのが難しく，マネジメント・コントロール・システムを運用することが難しい状況を次のように述べている[4]。

　サービス業や政府やNPOは，メーカーに比べてマネジメント・コントロール・システムを実施することが難しい。サービス業やNPOのアウトプットはメーカーで生産された車やコンピューターのように測定することが難しいからである。サービスが提供されてからずっと後になるまで，そのサービスが望ましいものであったかを知ることは困難である。どのような組織においても，成功するマネジメント・コントロールの鍵は，従業員の適切な訓練と，重要なプロセスと成功要因と調和した一連の指標を一貫してモニターすることで従業員の目標を一致させ，動機づけることである。それはサービス志向の組織において特に重要である。たとえば，銀行クレジットカードの発行者であるMBNAでは，顧客をつなぎ止めることが最重要な成功要因であると考えている。MBNAは顧客の代表を注意深く扱っている。毎日，顧客をつなぎ止めることと一貫する14の指標を測定し，報告する。すべての従業員には，この14の指標に基づいて報酬を与える。2回のベルで電話に出ること，コンピューターを常に使える状態にしておくこと，与信限度額の要求は1時間以内で処理することなどが，指標には含まれている。従業員は，これらの指標で認められると年収の20％ぐらいのボーナスを得る。

　さらに政府やNPOには，私企業で有力な誘因として働く財務的利益と同様な目標を設定する追加的な問題がある。また，NPOで働く多くの人は，金銭的報酬のために働いているというわけではない。たとえば，ピース・コープのボランティアはほとんど報酬をもらっていないが，途上国の状況を改善するのを助けるということから多くの満足を得ている。このように金銭的報酬は，NPOにおいては，あまり有効ではない。NPOにおけるコントロール・システ

ムは以下の理由により，営利企業のものほどには発展しないであろう。
 1．組織の目的や目標があまり明確ではない。さらに目標が複数あることが多く，目標間のトレードオフを検討することが難しい。
 2．教員，弁護士，科学者，エコノミストなどの専門家は，NPOよりも優位な立場にあることが多く，公式なコントロール・システムを導入したり，改良したりということには，あまり受容性がない。
 3．利益という尺度がないことと裁量的固定費が多いこと（これによりインプットとアウトプットの関係を測定することが難しくなる）によって，測定がより難しくなる。
 4．マネジメント・コントロール・システムを改善することについて競合企業やオーナーからのプレッシャーがあまりない。結果として，多くの市では，下水処理のような本質的なサービスを民間業者に委託することになる。
 5．予算編成の役割が，厳格な計画をするというよりは可能な限り大きな権限を得ようと財務当局と交渉ゲームをすることになってしまう。
 6．働いている人を動機づける要因が営利目的の企業とは違うと考えられる。

ここにもあるように，非営利組織では営利組織における利益のような指標はなく，アウトプットを測定するのは非常に難しい。Anthony & Youngによれば，非営利組織で使えそうな指標には3種類ある[5]。1つが社会指標であり，組織が社会全体に与える影響を反映した指標である。犯罪率などがこれに当たるが，こういった指標は1つの組織だけが影響を与えられるようなものではないという問題もある。もう1つは結果指標であり，組織目標と関連するようなアウトプット指標である。提供しているサービスが成功裡に終了した率などが，これに当たる。さらにプロセス指標がある。仕事がなされた数などが，これに当たる。結果指標は結果志向であり，プロセス指標は手段志向である。

Anthony & Youngは，指標を選ぶ際には，5つの要素のバランスに配慮し，6つの原則に従うべきであるとしている。

まず，5つの要素のバランスとは，主観的なものと客観的なものとのバランス，数量化できるものとできないものとのバランス，離散的なものと連続量とのバランス，実際のアウトプットと代理変数とのバランス，定量的なものと定性的なもののバランスである。それぞれデータの入手可能性などに違いがあるが，バランスを考慮して指標を選んでいかなければならない。

6つの原則は，次のようなものである。1つ目は，何もないよりアウトプット指標はあった方がよいということである。2つ目は，外部の情報源から得られたデータと比較できた方がよいということである。3つ目は，適時に得られる情報の方がよいということである。4つ目は，さまざまな指標を組み合わせることが重要であるということである。5つ目は，使えないほど多くの指標を報告するようなことがないことが望ましいということである。6つ目は，代理変数は実際のアウトプットを表しているわけではないということを理解することの重要性である。

そしてさらにAnthony & Youngは，戦略策定目的とマネジメント・コントロール目的とで，それぞれに合った指標を選ぶべきだといっている。たとえば，マネジメント・コントロール目的であれば，特定の個人や組織単位の責任と結びつけられる指標が求められるが，戦略策定目的では，このような結びつきは必要ない。また戦略策定目的では，厳密な正確性や適時性はそれほど求められない。このようなことは考えられることであるが，非財務指標について，マネジメント・コントロール目的で具体的にどのように使いうるかについては，Anthony & Young自身も明確な答えを持ってはいないようである。

第4節　バランスト・スコアカードの役割

バランスト・スコアカードは，Kaplan & Nortonによって提唱されたものであり，従来，業績評価の際に重視されがちであった財務指標だけでなく，4つの視点からさまざまな業績評価指標を用いて業績評価を行おうとするものである[6]。財務指標のみを用いた場合には，評価される管理者等が目先のことだけ

を考えて行動するようになることも考えられるので，これに対処する方策の1つと考えられる。さまざまな視点からさまざまな業績評価指標を用いて業績評価を行うことによって，短期的には利益を生まなくても経営者が戦略的に重要であると考える行動を下位の管理者等にとってもらうことが期待できる。

バランスト・スコアカードでは，戦略を達成するという観点から，4つの視点の間に因果連鎖を想定する。各視点の業績評価指標がよくなっていけば，因果連鎖を通じて，戦略が自動的に達成できるというような，ある種のストーリーを思い描きながら，業績評価指標が選ばれていくことになる。因果連鎖を把握するために，各視点の重要成功要因等を矢印で結びつけた戦略マップが用いられる[7]。そして重要成功要因に対応するような業績評価指標が選ばれていく。

通常の場合には，因果連鎖によって展開された業績評価指標を用いて，管理者等の業績を評価し，報酬に反映させていくことになる。これは戦略達成のために，具体的にどういうことをしてほしいのかを従業員に伝える役割も果たす。またバランスト・スコアカードは，試行錯誤的に導入されていくものであり，たとえば，ある指標がよくなっても因果連鎖するはずの別の指標はよくならなければ，当初考えた因果連鎖は間違っていたことになるので，戦略の見直しなどが行われることになる。

営利組織のバランスト・スコアカードでは，因果連鎖は最終的に財務的視点での成功に結びつけられるかたちで示される。しかし非営利組織は，財務的視点での成功を第一の目標としていないので，通常のバランスト・スコアカードをそのまま非営利組織に適用することはできない。

Kaplan & Nortonは，図表16－1のような非営利組織に適用されるバランスト・スコアカードのフレームワークを示している[8]。学習と成長の視点における成功が，社内（非営利組織内）プロセスの視点における成功へと結びつくと考える点は，営利組織の場合と同じであるが，社内（非営利組織内）プロセスの視点における成功は，財務的視点における成功と顧客の視点における成功とに並列的に結びつけられている。非営利組織では，その活動の資金を提供する資金

図表16-1

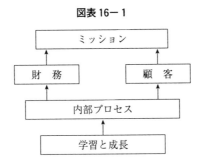

（出所）Kaplan R. S. & D. P. Norton（2001）邦訳書，p.176を参考に作成。

提供者とサービスを受ける者とが違う場合が多い。つまり資金提供者とサービスを受ける者両者の望むような成果を達成するような業務プロセスを考える必要があるということであろう。

　財務的視点における成功というのは，資金提供者が提供した資金が効率的に使われていると説明できることと考えられる。この視点に関する指標としては，サービスの単位当たりコストなどが重要なものだと思われる。財務的というと資金をどれだけ集めたかということも成果の1つと考えることができるが，非営利組織の場合，これを上位の目標におくことは難しいであろう。清水によれば，こういった財務目標は因果連鎖の最下位におくパターンもあるということである[9]。つまり資金が集まることによって，組織構成員を教育したりできるようになるということである。したがって財務的成功のイメージがコスト効率性に重点をおくものならば，財務的視点は上位に位置づけられ，資金集めに重点をおくものであるならば，財務的視点は下位に位置づけられることになるのではないだろうか。

　Kaplan & Nortonは，図表16-1のフレームワークでミッションを最上位に位置づけている。非営利組織では，財務指標だけでミッションを果たしているか判断することはできない。このためスコアカードの最上位でミッションを特徴づけ，測定すべきということである。しかしミッションが達成されているかを具体的な指標で測定することは困難な場合が多いと考えられる。バランス

ト・スコアカードを構築する際に，ミッションを常に意識すべきだといっているとも思われ，バランスト・スコアカードの業績評価以外の役割を重視しているとも考えられる。

Kaplan & Norton は，さらに政府などの公共セクターでは，特定の顧客を識別することは困難であることから，図表16－2のような修正フレームワークを示している。このように下位の部分については同じであるが，内部プロセスが，コストの発生と価値の創造と法的な権限の支援という3つに結びつけられているところに特徴がある。コストの発生に関する視点では，効率性が重視される。また直接的コストだけではなく，社会的なコストも含めて考える。価値の創造に関する視点では，組織が市民に提供する便益をとらえることになる。これは財務数値でとらえることは困難であり，さまざまな代理変数などを用いてとらえることになる。法的な権限の支援に関する視点では，財源を提供する議会などの目標を満たしているかをとらえることになる。あまり詳しく書かれていないのでなんともいえない部分もあるが，この修正フレームワークのコストの発生は財務的視点に対応し，価値の創造は顧客の視点に対応すると考えられる。法的な権限の支援は，場合によって両者に関連しそうであるが，フレームワークを修正することはないのではないかとも思われる。

非営利組織に適用されるバランスト・スコアカードのフレームワークは以上のような特徴を持つと考えられるが，これは非営利組織においてどのように用

図表16－2

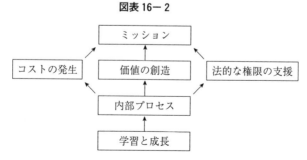

（出所）Kaplan R. S. & D. P. Norton（2001）邦訳書，p.177，一部省略。

いられる可能性があるのだろうか。もともと営利組織用に開発されたバランスト・スコアカードは，すでにある戦略を所与として，これを実行するための業績評価システムとしての役割が期待されていたものと考えられる。したがって，最終的には評価結果によって従業員の報酬に影響を与えることが想定されていた。しかし非営利組織では，報酬で動機づけを行うことは難しい面がある。また，小さなNPOでは，存続を目的としない場合も考えられる。行政組織や企業が目的とする事業を効率的に行ってくれるようになれば，NPOは解散しても構わない。大きなNPOでは，暗黙的に存続が目的のなかに入り込んでくると思われるが，存続を目的としないならば，ビジョンを描くことができず，バランスト・スコアカードを利用することは難しいであろう。構築コストがかかることから考えても，バランスト・スコアカードは大きな組織に向いていると考えられる。

　清水によれば，バランスト・スコアカードを利用した戦略マネジメント・システムは戦略策定を含むということである[10]。日本の企業は明確な戦略を持っていない場合も多く，バランスト・スコアカードを導入する機会に，ミッションを実現するための戦略を認識したり，創出したりすることもありえるということである。また小原，浅田，鈴木によれば，公共組織では，バランスト・スコアカードについては，議会，住民，関係機関とのコミュニケーション・ツールとしての役割が重視されている[11]。公共のミッションや戦略は，住民が議会などを通じて決定するものなどで，関係者への情報提供が大きな目的となっているということである。もちろん公共機関で働いている従業員に戦略などを伝えるコミュニケーション・ツールでもあると考えられる。

　このようなさまざまな役割のうち，非営利組織におけるバランスト・スコアカードの役割は，従業員の業績評価よりも戦略策定やコミュニケーション・ツールとしての役割に重点がおかれると考えられる。それは，非営利組織で働く人は，報酬を得ることを目的としていない場合が多い事情もあると考えられる。さらに，営利組織であれば，スコアカード上で高評価されるような業績を上げれば，最終的には利益などの財務数値の改善につながっていくはずなの

で，そこから報酬を支払うことも可能であろう。しかし非営利組織では，スコアカード上で高評価されるような業績を上げても，利益に結びつくわけではないので，報酬を支払うことは能力的にも不可能であると考えられる。実際に，Kaplan & Norton で取り上げられている例でも，戦略策定やコミュニケーション・ツールとしての役割が重視されていると考えられる[12]。自治体などで利用されているバランスト・スコアカードは，主にこのような役割を期待されている。

第5節　他の統制ツールの役割

　バランスト・スコアカード以外のツールにも目を向けてみよう。Simons によれば，理念体系，境界体系，診断型統制システム，対話型統制システムの4つのレバーを統合することにより，事業戦略の統制は実現されるということである[13]。これら4つのレバーは，それぞれ以下のようなものである。
　理念体系とは，組織の基本的価値観，目的，方向性を経営者が従業員に伝えるための明確な定義のことである。ミッション・ステートメントなどを用いて，行動指針になるように従業員へ伝えられる。基本的価値観とは，組織の基本的原理，目的，方向性を明確にしたものである。理念体系によって，経営者は従業員にルールでは決められないような行動指針を示すことになる。
　境界体系としては，企業行動の境界と戦略の境界が考えられる。企業行動の境界は，企業行動規則というようなものであり，特定の行動を禁止するような内容になっている。戦略の境界は，企業にとって望ましい市場ポジションを規定することであり，希少な資源が戦略に合致しない活動に投入されることがないようにするためのものである。この境界体系によって，従業員による許容できない行動を抑えることが期待される。
　診断型統制システムは，結果が目標からどれだけ離れているか監視するための情報システムである。診断型統制システムの具体的内容としては，利益計画や標準原価計算やバランスト・スコアカードなどが含められる。したがって，

通常，管理会計で業績評価問題として扱われている項目は，ほとんどこの診断型統制システムに入るものと考えてよいであろう。

対話型統制システムとは，既存の戦略の前提を覆すような脅威と機会に対処するためのある種の情報システムである。顧客の嗜好の変化や新技術の開発などは機会や脅威になりえる。対話型統制システムは，注目すべき指標を選んでそれについて部下と対話することによって，情報が収集され，アクション・プランが提案されたり，戦略を変更する必要性が明らかになったりすることを期待するものである。

Simonsは，会社のライフサイクル段階に応じて，適用される統制レバーが変わっていくものとしている。

創業期には強烈な目的意識が浸透していて，制度化された統制システムは，ほとんど必要ではない。ある程度成長してくると，コミュニケーションも難しくなり，効率性を維持するために診断型統制システムが必要になる。インセンティブを与える報酬システムの導入によって，従業員の不正などが出てくることも予想されるので，境界体系も必要になる。

急成長期には，高度の専門化によって市場の機会と脅威に迅速に対応する能力がなくなってくる。このため意思決定を分散させ，プロフィットセンターの管理者に権限を与える必要が出てくる。このような状況の下で一定の方向に会社を導くためには，理念体系や境界体系が必要になる。

成熟期には，戦略の新しい方向性を生み出すために，従業員による情報収集やアクション・プランの提案を促進する必要がある。このために対話型統制システムを導入することが必要になる。

このように統制に用いられるツールは，適用される場面に応じて適切なものが採用される必要があるであろう。先にも述べたように，日本のNPO法人の場合，出来たばかりで小規模なものが多い。小規模な組織では，制度化された統制システムは必要ないといえるかもしれない。しかし，改めてミッション・ステートメントを作成して示す必要はないとしても，理念体系は非常に重要であると考えられる。組織に参加する多くの人は，提供した労働に見合う対価を

受けていない場合が多いので、いかに多くの人から共感を得られるような組織理念があるかが、その組織の成功に決定的に重要なものとなるであろう。

　非営利組織では、もともと人のためになりたいと思って自主的に働いている人が多いと考えられる。したがって、改めて動機づけを行う必要性は少ないと考えられる。パフォーマンスの悪い従業員がいたとしても、それは一生懸命働いていないからではなく、仕事のやり方がわからないからということが考えられる。このためパフォーマンスのいい従業員がどのように仕事をしているかを教えることが重要になると考えられる。どのように仕事をすればよいかがわかれば、自ずとそのようにしようとするのではないだろうか。このことはある程度定型化された仕事についている人について当てはまると考えられる[14]。

　自分で情報を収集し、問題を解決しなければならないような定型化できない仕事をしている人については、以前の成功例を示すだけでは十分ではないであろう[15]。自発的な情報収集やアクション・プランの提案を期待するためには、対話型統制システムを用いることが考えられる。注目すべき指標に関して、定期的に話し合いの機会を持つことによって、解決すべき課題や対策が明確になっていくことが考えられる。

　さらにある程度規模が大きくなった組織において、戦略策定を行う場合には、バランスト・スコアカードが重要な役割を果たすことが考えられる。しかし報酬に関係させて運用することは、難しい面が多いと思われる。さらにバランスト・スコアカードを導入するには、かなりの労力とコストを必要とするので、事業分野が限定された組織においては、その効果が限定的になるものと考えられる[16]。

第6節　ボランティアの業績評価

　NPOでは、常勤のスタッフも働いているが、ボランティアの役割が非常に大きいと考えられる。この報酬なしで働くボランティアをどのように扱えばよいのか、そもそも業績評価すべきなのかというようなことについて、この節で

考察する。

　前述したKaplan & Nortonのバランスト・スコアカードのフレームワークでは，非営利組織への資金提供者とサービスを受ける顧客の望むような成果を上げることによってミッションが達成されるというような因果連鎖を考えている。つまり資金提供者とサービスを受ける顧客が，非営利組織の顧客として重視されているといえる。しかし，多くの非営利組織では，ボランティアがその活動を支えている場合も多い。このボランティアは，非営利組織にとって第3の顧客と考えてもいいような存在である。無償で労力を提供するボランティアは，資金提供者と同列に扱われても不思議ではない。ボランティアは，通常，非営利組織のスタッフと考えて，その満足度は学習と成長の視点で考慮されることになると考えられる。内部プロセスを改善するためには，スタッフの能力ややる気が重要になるのは確かであると思われるが，ボランティアが満足して仕事をしているかということは組織の存続にかかわる重要な問題である。このように考えると，Kaplan & Nortonのバランスト・スコアカードのフレームワークにおける因果連鎖の関係はより錯綜したものになると考えられる。また，サービスを受ける顧客の満足度とボランティアの満足度には相関があることも予想される。

　ボランティアをするかどうかというような決定に影響を与える要因として，Andreasen & Kotlerは，Andreasenが提案したBCOSと呼ばれる4つの要因を取り上げている[17]。BCOSのBは，便益（Benefits）のことである。Cはコスト（Costs）のことである。このコストには，金銭的なものだけでなく，苦痛や自尊心の喪失などさまざまなものが考えられる。コストを上回る便益があると思わなければ，そのような行動をとる可能性は少なくなる。Oは他者（Others）のことである。家族や友人が勧める行動は促進されるが，反対された行動はあまりとられないといったような他者からの影響である。そしてSは自己有効性（Self-efficacy）のことである。自己有効性とは，行動に移してもよいという確信のことである。過去に挫折したことのある人は，その経験からまた失敗するのではないかと思って行動をとることを躊躇してしまうことがある。このよう

な場合には，行動に移してもよいという確信を持てなかったということになる。以下ではそれぞれの要因に関するAndreasen & Kotlerのコメントを取り上げ，検討する。

まず便益についてであるが，ボランティアをする動機と考えられるものとして，ダブリンにあるコラレインハウスのトーラ・ボランティア・センター（Tallaght Volunteer Center at Coleraine House）のまとめた図表16－3のようなリストを紹介している。

図表16－3

必要とされていると感じるため	「関係者」になるため
実験的に	何かを変えるため
変化をもたらすエージェントとなるため	何かに対して立ち上がるため
新しい隣人と知り合いになるため	家族と何か取り組むため
楽しみ	誰かを助けるため
真実を学ぶため	宗教的理由
友達からのプレッシャーがあった	役目を果たすため
債務返済のため	スキルの会得や向上のため
評価してもらうため	アイルランド文化を学ぶため
時間があったから	人生のよりよいバランスのため
職業的な経験として	市民のつとめだから
新しい友達をつくるため	何か借りを返すため
違う人とすごすため	新しい職を開拓するため
自分がやりたいことをする口実	忙しくしたいため
退屈だったから	専門技術をもって寄付するため
場所が近かったため	大義を果たせることを示したいため
他にやる人がいなかったから	インパクトを与えるため
治療の一環	よい気分になる
賃金が払われる仕事に就けないため	仕事と違うことをしたい
お金を提供する代わりとして	チームの一員となるため
問題に関する個人的経験	監視するため
代表者となるため	罪の意識
誇りに思うため	ステータスを得るため
顧客の懸念事項だから	頼まれたから
外出するため	自身がそのサービスを利用するため
自ら立ち上がって信頼されるため	自身へのテスト
チャレンジするため	逃げるため

（出所）Andreasen A. R. & P. Kotler（2003）邦訳書, pp.316-317.

このように動機となりえるものは多義にわたり，何が重要になるかは非営利組織の行っている活動にもよることが示唆されている。

コストに関してはあまり調査が行われていないが，継続的にボランティアに参加する場合に，負担を強く感じることがあるということである。

他者からの影響は，ボランティアをする人にとって非常に大きいということである。ボランティアを自分の意思でやろうとする人は少なく，友人や知人などから誘われてボランティアをするようになることが多いようである。

自己有効性に関しては，ボランティアをすることを躊躇させてしまう障壁を取り除かなければならないということである。どうやってボランティアをするのか知らないことだけでボランティアをしない人もいる。さまざまな障壁を取り除くのに有効なのはインターネットの利用ということである。

多くのボランティアを集めて活動をしていくためには，このようなBCOSの各要因を検討し，ボランティアをするということにプラスに働くように働きかけていくことは必要であろう。しかし，継続的にボランティアをしてもらうためには，さまざまなサポートが必要となる。

ボランティアをしようかどうか検討している人に対しては，行動を起こす際の障壁となるものを取り除くことが必要になる。ボランティア活動を試してみる期間があれば，障壁を克服するのに役立つと考えられる。

継続的にボランティア活動に参加してくれる人のサポートを考える際には，ボランティアをやめた人を対象にその理由を調査することが有効である。Andreasen & Kotler は，このような調査から明らかになる不満原因として次のようなものをあげている[18]。

1．ボランティア活動が期待したものと違っていた。
2．顧客と同僚から感謝されている手ごたえがない。
3．適切な訓練と指示がない。
4．常勤スタッフに比べて二番手にいる印象がある。
5．時間をとられすぎる。
6．個人的達成感に欠ける。

ボランティア活動が期待したものと違っていたというのは、ボランティア活動から得られる便益が期待したほどにはなく、そのためのコスト（負担）は予想したよりも多かったという不満である。このようにみると、不満原因の2、3、4、6は、便益が期待したほどでない不満と考えられ、5は、負担が予想以上だったという不満と考えられる。時間についての不満であれば、交代でできるものは交代でやるようにすることも必要かもしれない。いずれにせよ負担はなるべくかからないように、便益はなるべく得られるようにすることが、継続的にボランティア活動をしてもらうために必要である。Andreasen & Kotlerによれば、Farmer & Fedorの研究で組織が支援すべき項目としてあげているのは、以下のようなものである[19]。

1. ボランティア貢献を評価する。
2. ボランティアの追加努力に感謝する。
3. ボランティアの不満を無視しない。
4. ボランティアの健康面を気にかける。
5. ボランティアの意見に注意を払う。
6. 仕事が楽しくなるよう、できる限り努力する。

このようなかたちで、ボランティアをサポートすることは重要であると考えられるが、ボランティアに対して無条件に感謝して、へつらうようなことは好ましくない。あまり熱心に仕事をしないボランティアがいると他の人のモラールに悪い影響を与えることもある。

Andreasen & Kotlerは、ボランティアをできる限り専門職の常勤スタッフと同じように扱うことが望ましいとしている。まず、ボランティアの能力を評価して、適材適所に配置することが必要である。そして、職務に必要な訓練や指導を十分に行って、一定の達成目標と評価基準を設定し、ボランティアを評価する。あまりにも目標達成に真剣に取り組まないような場合には、ボランティアといえども辞めてもらうことも必要である。このような断固たる態度によって、組織のモラールは向上すると考えられる。

同様のことは、柏木も述べている[20]。柏木によれば、ボランティアの評価は

必要であり，多くのボランティアも評価されることを望んでいるということである。どのようなかたちで評価を行うかはさまざまであっても，目標が達成されているか評価を行い，不十分な点があれば，「ここはもう少しこのようにした方がいいのではないか」というようなコミュニケーションをとることは重要であると考えられる。

ボランティアに対して厳しい態度で臨むことは，非営利組織のおかれた状況によっては非常に難しいことと考えられる。特に，ボランティアに辞めてもらうというようなことは，なかなかできないと考えられる。しかし，目標が達成できなかったのは何故かというようなことを話し合う機会を設けることは，有意義な可能性がある。しかし，このような形で用いられる評価というのは，評価の結果によって賞罰を与えるというような業績評価とは違ったものと考えられる。それはむしろ，広い意味での教育の一環として行われるものと考えられる。

第7節　本章のまとめ

これまで非営利組織における業績評価問題を検討してきた。非営利組織では，アウトプットを明確に把握することが難しく，このため業績評価を行うことも難しい。さらに，非営利組織で働く人は，金銭的報酬を得ることを主たる目的としていない場合も多く，報酬で動機づけを行うことが困難になる。

非営利組織でバランスト・スコアカードを用いるところも出てきてはいるが，そこでは戦略策定目的やコミュニケーション・ツールとして用いられていることが多い。人を評価することに用いるのは，まだ難しい面があるようである。また戦略策定目的やコミュニケーション・ツールとして用いられるとしても，それはある程度の規模の組織においてであろう。大きな組織になればなるほど，組織の末端までミッションを伝えるためにバランスト・スコアカードが有効になると考えられる。

他の統制ツールについてみると，日本では，NPO法人は小規模なものが多

いので，制度化された統制システムの必要性は少ないかもしれない。いかに多くの人から共感を得られるような組織理念があるかが，その組織の成功に決定的に重要なものとなるであろう。組織理念が共感を得るようなものであっても，定型的な仕事をしている人に対して望ましい仕事のやり方を教えることは重要であろう。多くのボランティアは定型的な仕事をしていると考えられるが，ただ研修のようなかたちで教えるだけでなく，各自の目標が達成されているか評価を行い，直すべき点を伝えるというようなことも必要であろう。また，非定型的な仕事をしている人に対しては，対話型統制システムを用いることが有効になることも考えられる。

[注]

（1）熊谷則一，菅野豊，磯貝秀俊『NPO法人なるほどQ＆A』中央経済社，2003年によれば，一般的にそのような意味で使われている。
（2）本間正明，金子郁容，山内直人，大沢真知子，玄田有史『コミュニティビジネスの時代』岩波書店，2003年。
（3）同書によると，経済産業研究所の調査である。
（4）Horngren C. T., G. L. Sundem, and W. O. Stratton, *Introduction to Management Accounting,* Prentice-Hall, 2002.
（5）Anthony R. N., and D. W. Young, *Management Control in Nonprofit Organizations,* McGraw. Hill, 2003.
（6）Kaplan R. S., and D. P. Norton, *The Balanced Scorecard,* Harvard Business School Press, 1996（吉川武男訳『バランス・スコアカード』生産性出版，1997年）。
（7）戦略マップについては，第14章を参照。
（8）Kaplan R. S., and D. P. Norton, *The Strategy-Focused Organization,* Harvard Business School Press, 2001（櫻井通晴監訳『戦略バランスト・スコアカード』東洋経済新報社，2001年）。
（9）清水孝編著『戦略マネジメント・システム』東洋経済新報社，2004年。
（10）同上書。
（11）小原重信，浅田孝幸，鈴木研一『プロジェクト・バランス・スコアカード』生産性出版，2004年。
（12）地方自治体の例では，特にその傾向が見られる。

(13) Simons R., *Performance Management and Control Systems for Implementing Strategy,* Prentice-Hall, 1999（伊藤邦雄監訳『戦略評価の経営学』ダイヤモンド社, 2003年）．
(14) 介護を行っている人などを想定している。
(15) コンサルティングを行っている人や幹部を想定している。
(16) 資源配分を変える機会が多いほど，有効性は増すと考えられる。
(17) Andreasen A. R. and P. Kotler, *Strategic Marketing for Nonprofit Organizations Sixth Edition,* Prentice-Hall, 2003（井関利明監訳『非営利組織のマーケティング戦略 第6版』第一法規, 2005年）．
(18) Andreasen & Kotler, 邦訳書, pp.322-323.
(19) Andreasen & Kotler, 邦訳書, p.324.
(20) 柏木宏『NPOマネジメントハンドブック』明石書店, 2004年。

【付記】本章は，「非営利組織における業績評価」『産業研究』第40巻第2号，2005年3月，pp.62-72および高崎経済大学附属産業研究所編『事業創造論の構築』日本経済評論社，2006年，第11章「非営利組織における業績評価問題」を加筆修正したものである。

付　録

複利現価係数表　　　　　　　　　　　　　　　　　　　　　　$\dfrac{1}{(1+r)^n}$

n\r	1%	2%	3%	4%	5%	6%	7%	8%	9%	10%
1	0.9901	0.9804	0.9709	0.9615	0.9524	0.9434	0.9346	0.9259	0.9174	0.9091
2	0.9803	0.9612	0.9426	0.9246	0.9070	0.8900	0.8734	0.8573	0.8417	0.8264
3	0.9706	0.9423	0.9151	0.8890	0.8638	0.8396	0.8163	0.7938	0.7722	0.7513
4	0.9610	0.9238	0.8885	0.8548	0.8227	0.7921	0.7629	0.7350	0.7084	0.6830
5	0.9515	0.9057	0.8626	0.8219	0.7835	0.7473	0.7130	0.6806	0.6499	0.6209
6	0.9420	0.8880	0.8375	0.7903	0.7462	0.7050	0.6663	0.6302	0.5963	0.5645
7	0.9327	0.8706	0.8131	0.7599	0.7107	0.6651	0.6227	0.5835	0.5470	0.5132
8	0.9235	0.8535	0.7894	0.7307	0.6768	0.6274	0.5820	0.5403	0.5019	0.4665
9	0.9143	0.8368	0.7664	0.7026	0.6446	0.5919	0.5439	0.5002	0.4604	0.4241
10	0.9053	0.8203	0.7441	0.6756	0.6139	0.5584	0.5083	0.4632	0.4224	0.3855
n\r	11%	12%	13%	14%	15%	16%	17%	18%	19%	20%
1	0.9009	0.8929	0.8850	0.8772	0.8696	0.8621	0.8547	0.8475	0.8403	0.8333
2	0.8116	0.7972	0.7831	0.7695	0.7561	0.7432	0.7305	0.7182	0.7062	0.6944
3	0.7312	0.7118	0.6931	0.6750	0.6575	0.6407	0.6244	0.6086	0.5934	0.5787
4	0.6587	0.6355	0.6133	0.5921	0.5718	0.5523	0.5337	0.5158	0.4987	0.4823
5	0.5935	0.5674	0.5428	0.5194	0.4972	0.4761	0.4561	0.4371	0.4190	0.4019
6	0.5346	0.5066	0.4803	0.4556	0.4323	0.4104	0.3898	0.3704	0.3521	0.3349
7	0.4817	0.4523	0.4251	0.3996	0.3759	0.3538	0.3332	0.3139	0.2959	0.2791
8	0.4339	0.4039	0.3762	0.3506	0.3269	0.3050	0.2848	0.2660	0.2487	0.2326
9	0.3909	0.3606	0.3329	0.3075	0.2843	0.2630	0.2434	0.2255	0.2090	0.1938
10	0.3522	0.3220	0.2946	0.2697	0.2472	0.2267	0.2080	0.1911	0.1756	0.1615
n\r	21%	22%	23%	24%	25%	26%	27%	28%	29%	30%
1	0.8264	0.8197	0.8130	0.8065	0.8000	0.7937	0.7874	0.7813	0.7752	0.7692
2	0.6830	0.6719	0.6610	0.6504	0.6400	0.6299	0.6200	0.6104	0.6009	0.5917
3	0.5645	0.5507	0.5374	0.5245	0.5120	0.4999	0.4882	0.4768	0.4658	0.4552
4	0.4665	0.4514	0.4369	0.4230	0.4096	0.3968	0.3844	0.3725	0.3611	0.3501
5	0.3855	0.3700	0.3552	0.3411	0.3277	0.3149	0.3027	0.2910	0.2799	0.2693
6	0.3186	0.3033	0.2888	0.2751	0.2621	0.2499	0.2383	0.2274	0.2170	0.2072
7	0.2633	0.2486	0.234	0.2218	0.2097	0.1983	0.1877	0.1776	0.1682	0.1594
8	0.2176	0.2038	0.1909	0.1789	0.1678	0.1574	0.1478	0.1388	0.1304	0.1226
9	0.1799	0.1670	0.1552	0.1443	0.1342	0.1249	0.1164	0.1084	0.1011	0.0943
10	0.1486	0.1369	0.1262	0.1164	0.1074	0.0992	0.0916	0.0847	0.0784	0.0725

年金現価係数表　　　　　　　　　　　　　　　　　　　　　　$\dfrac{1-(1+r)^{-n}}{r}$

n\r	1%	2%	3%	4%	5%	6%	7%	8%	9%	10%
1	0.9901	0.9804	0.9709	0.9615	0.9524	0.9434	0.9346	0.9259	0.9174	0.9091
2	1.9704	1.9416	1.9135	1.8861	1.8594	1.8334	1.8080	1.7833	1.7591	1.7355
3	2.9410	2.8839	2.8286	2.7751	2.7232	2.6730	2.6243	2.5771	2.5313	2.4869
4	3.9020	3.8077	3.7171	3.6299	3.5460	3.4651	3.3872	3.3121	3.2397	3.1699
5	4.8534	4.7135	4.5797	4.4518	4.3295	4.2124	4.1002	3.9927	3.8897	3.7908
6	5.7955	5.6014	5.4172	5.2421	5.0757	4.9173	4.7665	4.6229	4.4859	4.3553
7	6.7282	6.4720	6.2303	6.0021	5.7864	5.5824	5.3893	5.2064	5.0330	4.8684
8	7.6517	7.3255	7.0197	6.7327	6.4632	6.2098	5.9713	5.7466	5.5348	5.3349
9	8.5660	8.1622	7.7861	7.4353	7.1078	6.8017	6.5152	6.2469	5.9952	5.7590
10	9.4713	8.9826	8.5302	8.1109	7.7217	7.3601	7.0236	6.7101	6.4177	6.1446
n\r	11%	12%	13%	14%	15%	16%	17%	18%	19%	20%
1	0.9009	0.8929	0.8850	0.8772	0.8696	0.8621	0.8547	0.8475	0.8403	0.8333
2	1.7125	1.6901	1.6681	1.6467	1.6257	1.6052	1.5852	1.5656	1.5465	1.5278
3	2.4437	2.4018	2.3612	2.3216	2.2832	2.2459	2.2096	2.1743	2.1399	2.1065
4	3.1024	3.0373	2.9745	2.9137	2.8550	2.7982	2.7432	2.6901	2.6386	2.5887
5	3.6959	3.6048	3.5172	3.4331	3.3522	3.2743	3.1993	3.1272	3.0576	2.9906
6	4.2305	4.1114	3.9975	3.8887	3.7845	3.6847	3.5892	3.4976	3.4098	3.3255
7	4.7122	4.5638	4.4226	4.2883	4.1604	4.0386	3.9224	3.8115	3.7057	3.6046
8	5.1461	4.9676	4.7988	4.6389	4.4873	4.3436	4.2072	4.0776	3.9544	3.8372
9	5.5370	5.3282	5.1317	4.9464	4.7716	4.6065	4.4506	4.3030	4.1633	4.0310
10	5.8892	5.6502	5.4262	5.2161	5.0188	4.8332	4.6586	4.4941	4.3389	4.1925
n\r	21%	22%	23%	24%	25%	26%	27%	28%	29%	30%
1	0.8264	0.8197	0.8130	0.8065	0.8000	0.7937	0.7874	0.7813	0.7752	0.7692
2	1.5095	1.4915	1.4740	1.4568	1.4400	1.4235	1.4074	1.3916	1.3761	1.3609
3	2.0739	2.0422	2.0114	1.9813	1.9520	1.9234	1.8956	1.8684	1.8420	1.8161
4	2.5404	2.4936	2.4483	2.4043	2.3616	2.3202	2.2800	2.2410	2.2031	2.1662
5	2.9260	2.8636	2.8035	2.7454	2.6893	2.6351	2.5827	2.5320	2.4830	2.4356
6	3.2446	3.1669	3.0923	3.0205	2.9514	2.8850	2.8210	2.7594	2.7000	2.6427
7	3.5079	3.4155	3.3270	3.2423	3.1611	3.0833	3.0087	2.9370	2.8682	2.8021
8	3.7256	3.6193	3.5179	3.4212	3.3289	3.2407	3.1564	3.0758	2.9986	2.9247
9	3.9054	3.7863	3.6731	3.5655	3.4631	3.3657	3.2728	3.1842	3.0997	3.0190
10	4.0541	3.9232	3.7993	3.6819	3.5705	3.4648	3.3644	3.2689	3.1781	3.0915

REFERENCE

参考文献

(欧文文献)

Andreasen A. R. and P. Kotler, Strategic *Marketing for Nonprofit Organizations Sixth Edition*, Prentice-Hall, 2003 (井関利明監訳『非営利組織のマーケティング戦略第6版』第一法規, 2005年).

Anthony R., *Planning and Control Systems, A Framework for Analysis*, Harvard University, 1965 (高橋吉之助訳『経営管理システムの基礎』ダイヤモンド社, 1968年).

Anthony R. N., and D. W. Young, *Management Control in Nonprofit Organizations*, McGraw. Hill, 2003.

Babad Y. M., and B. V. Balachandran, "Cost Driver Optimization in Activity-Based-Costing", *THE ACCOUNTING REVIEW*, July 1993, pp.563-575.

Baiman S., and M. V. Rajan, "The Informational Advantages of Discresionary Bonus Schemes", *THE ACCOUNTING REVIEW*, Vol.70, No.4, 1995, pp.557-579.

Cooper R. and R. S. Kaplan, *THE DESIGN OF COST MANAGEMENT SYSTEMS*, Prentice-Hall, 1991.

Copeland T. and V. Antikarov, *REAL OPTIONS*, TEXERE LLC, 2001 (栃本克之監訳『リアル・オプション』東洋経済新報社, 2002年).

Hamlen S. S., W. A. Hamlen, and J. T. Tschirhart, "The Use of Core Theory in Evaluating Joint Cost Allocation Schemes", *THE ACCOUNTING REVIEW*, July 1977, pp.616-626.

Horngren C. T., G. Foster, and S. M. Datar, *COST ACCOUNTING*, Prentice-Hall, 2000.

Horngren C. T., G. L. Sundem, and W. O. Stratton, *Introduction to Management Accounting*, Prentice-Hall, 2002.

Johnson H. T. and R. S. Kaplan, *RELEVANCE LOST : THE RISE AND FALL OF MANAGEMENT ACCOUNTING*, Harvard Business School Press, 1988 (鳥居宏史訳『レレバンス・ロスト』白桃書房, 1992年).

Kaplan R. S., and D. P. Norton, *The Balanced Scorecard*, Harvard Business School Press, 1996 (吉川武男訳『バランス・スコアカード』生産性出版, 1997年).

Kaplan R. S., and D. P. Norton, The *Strategy-Focused Organization*, Harvard Business School Press, 2001 (櫻井通晴監訳『戦略バランスト・スコアカード』東洋経済新報社, 2001年).

Keller K. L., "Strategic Brand Management," Prentice-Hall, 1998（恩蔵直人・亀井昭宏訳『戦略的ブランド・マネジメント』東急エージェンシー出版部，2000 年）．
Magee R. P., "Cost-Volume-Profit Analysis: Uncertainty and Capital Market Equilibrium," The Journal of Accounting Research, Autumn 1975, pp.257-266.
Porter M. E., COMPETITIVE ADVANTAGE, Macmillan, 1985（土岐坤，中辻萬治，小野寺武夫訳『競争優位の戦略』ダイヤモンド社，1985 年）．
Simons R., Performance Management and Control Systems for Implementing Strategy, Prentice-Hall, 1999（伊藤邦雄監訳『戦略評価の経営学』ダイヤモンド社，2003 年）．
Treasy M. and F. Wiersema, The Discipline of Market Leaders: Choose Your Customers, Narrow Your Focus, Dominate Your Market, Addison-Wesley, 1995.
Wall A., and R. W. Dunning, Ratio Analysis of Financial Statements, Harper and Brothers, 1928.
Zimmerman J. L., "TheCosts and Benefits of Cost Allocations", THE ACCOUNTING REVIEW, July 1979, pp.504-521.
Zimmerman J. L., "FOURTH EDITION ACCOUNTING FOR DECISION MAKING AND CONTROL," McGRAW. HILL 2003.

（邦文文献）
浅田孝幸，頼誠，鈴木研一，中川優『管理会計入門』有斐閣，1998 年。
石塚博司他『意思決定の財務情報分析』国元書房，1985 年。
伊藤邦雄『コーポレートブランド経営』日本経済新聞社，2000 年。
伊藤邦雄「コーポレート・ブランドの評価と戦略モデル」『ハーバード・ビジネス・レビュー』ダイヤモンド社，2002 年 3 月，pp.38-53。
伊藤博『管理会計の世紀』同文舘，1992 年。
上埜進『管理会計』税務経理協会，2001 年。
大塚宗春，佐藤紘光編著『ベーシック財務管理』同文舘出版，2005 年。
大塚宗春，辻正雄著『管理会計の基礎』税務経理協会，1999 年。
大野勝久，玉置光司，石垣智徳，伊藤崇博『Excel による経営科学』コロナ社，2005 年。
岡本清，廣本敏郎，尾畑裕，挽文子『管理会計』中央経済社，2003 年。
小川洌『経営分析の理論と実務』税務研究会，1976 年。
小川洌『会計学』放送大学教育振興会，1996 年。
小原重信，浅田孝幸，鈴木研一『プロジェクト・バランス・スコアカード』生産性出版，2004 年。
柏木宏『NPO マネジメントハンドブック』明石書店，2004 年。
加登豊『原価企画』日本経済新聞社，1993 年。

加登豊,李建『ケースブック　コストマネジメント』新世社,2001年。
金谷健一『これなら分かる最適化数学』共立出版,2005年。
熊谷則一,菅野豊,磯貝秀俊『ＮＰＯ法人なるほどＱ＆Ａ』中央経済社,2003年。
経済産業省・企業法制研究会・ブランド価値評価研究会『ブランド価値評価研究会報告書』2002年。
神戸大学管理会計研究会「原価企画の実態調査（1）（2）（3）」『企業会計』第44巻第5号,pp.86-91,第44巻第6号,pp.74-79,第44巻第7号,pp.84-89,1992年。
小林健吾『予算管理発達史－総合的利益管理への道』増補改訂版,創成社,1994年。
佐藤紘光『業績管理会計』新世社,1993年。
佐藤紘光,飯泉清,齋藤正章『株主価値を高めるEVA^{R}経営』中央経済社,2002年。
佐藤紘光,齋藤正章『管理会計』放送大学教育振興会,2003年。
清水孝編著『戦略マネジメント・システム』東洋経済新報社,2004年。
清水信匡「原価企画活動における目標原価情報と知識創造活動の関係」『産業経理』第51巻第4号,1992年,pp.1-9。
谷武幸「コンカレント・エンジニアリング」『企業会計』第47巻第6号,1995年,pp.26-30。
西澤脩『独立採算制の話』日経文庫,1975年。
西澤脩『管理会計を語る（第2版）』白桃書房,2000年。
橋本賢一,小川正樹『技術者のための原価企画』日本能率協会マネジメントセンター,1994年。
廣本敏郎『米国管理会計論発達史』森山書店,1993年。
藤野直明『サプライチェーン経営入門』日経文庫,1999年。
本間正明,金子郁容,山内直人,大沢真知子,玄田有史『コミュニティビジネスの時代』岩波書店,2003年。
光國光七郎『グローバルSCM時代の在庫理論』コロナ社,2005年。
宮本寛爾,小菅正伸編著『管理会計概論』中央経済社,2006年。
門田安弘編著『管理会計学テキスト』税務経理協会,1995年。
山本拓『計量経済学』新世社,1995年。

INDEX

索　引

[あ]

安全性分析 …………………………………18
安全余裕率 …………………………………33
EOQ …………………………………………81
EVA® ……………………………127, 173, 174
意思決定会計 ………………………………4
インベストメント・センター …………115
売上債権回転率 ……………………………16
売上数量差異 ………………………………64
売上高売上原価率 …………………………15
売上高営業利益率 ……………………14, 15
売上高販売費及び一般管理費率 …………16
運転資金 ……………………………………39
ABB（activity based budgeting） …144, 153
ABC ………………………………………143
───分析 ………………………………77
ABM ………………………………144, 152
NOPAT ……………………………………127
NPO ………………………………………186
MVA ………………………………174, 180
オペレーショナル・コントロール ………2
オペレーティング・レバレッジ …………34

[か]

回収期間法 …………………………………47
価格差異 ……………………………107〜109
学習と成長の視点 ……………………159, 173
加算法 ………………………………………21
活動基準管理 ……………………………152
活動基準原価計算 ……………………71, 143
活動基準予算管理 ………………………153
活動コスト・ドライバー ………………146
活動コスト・プール ……………………146
間接法 ………………………………………43
管理会計 ……………………………………1
───の体系 ……………………………3
───の特性 ……………………………1
───の歴史 ……………………………5
管理可能性原則 …………………………117
管理可能利益 ……………………………118
関連原価 ……………………………………67
関連収益 ……………………………………68
機会原価 ………………………………68, 74
期間計画 ……………………………………3
キャッシュ・フロー ………………………46
キャッシュ・フロー計算書 ………………43
業績管理会計 ………………………………4
業績評価 …………………………………117

クロス・ファンクショナル・チーム …130
経営資本 ……………………………………14
───営業利益率 ……………………14
───回転期間 ………………………17
───回転率 ……………………14, 15
経営分析 ……………………………………10
計画 …………………………………………3
経済的発注点 …………………………78, 83
経済的発注量 …………………………78, 79
限界利益 ……………………………………31
原価管理 …………………………………102
原価企画 …………………………………129
原価計算 ……………………………………5
原価標準 …………………………………104
現金資金 ……………………………………43
現実的標準原価 …………………………103
貢献利益 ……………………………………34
控除法 ………………………………………21
顧客の視点 ……………………………159, 173
顧客満足度 ……………………………160, 179
コスト・テーブル ………………………137
コスト・レビュー ……………………140, 141
固定長期適合率 …………………………20
固定費 …………………………27, 65, 112
───差異 ……………………………65
───能率差異 ……………………113
固定比率 ……………………………………20
固定予算 …………………………………106
個別計画 ……………………………………3
コントローラー ……………………………7

[さ]

最小自乗法 …………………………………29
財務会計 ……………………………………1
財務諸表分析 ……………………………10
財務的視点 ………………………158, 173, 192
差額原価 ……………………………………67
差額収益 ……………………………………68
作業時間差異 ……………………………110, 111
サプライ・チェーン・マネジメント ……85
CVP 図表 …………………………………30
CVP 分析 …………………………………30
時間価値 ……………………………………47
事業部 ……………………………………117
───制組織 …………………………116
資金運用表 ………………………………39
資金繰り表 ………………………………36
資源ドライバー …………………………146
自己資本利益率 …………………………13

実数分析	10
資本コスト	49, 125
資本資産評価モデル	50
資本集約度	22
資本生産性	22
資本分配率	23
資本予算	46
社内金利	123
社内資本金	124
社内ビジネス・プロセスの視点	159, 173
シャープレイ値	121
収益性分析	11
重要成功要因	192
需要予測	86
準固定費	27
準変動費	27
正味運転資金	40
正味現在価値法	49
職能別部門組織	115
シンプレックス法	88, 96
数量差異	109
生産性	20
──分析	20
正常原価	103
正常配賦	147
責任会計	117
設備投資効率	22
線形計画問題（Linear Programming）	88
戦略計画	2
戦略マップ	161, 192
戦略マネジメント・システム	169
操業度差異	113
総合予算	58
総資本経常利益率	12
損益分岐点	30
──比率	33
損益予算	58

[た]

棚卸資産回転率	16
単位原価差異	65
短期利益計画	26
中長期計画	26
賃率差異	110, 111
デザイン・レビュー	140, 141
当座比率	19
投資の経済性計算	46
統制	3
トップダウン	62

[な]

内部利益率法	52
日程管理	3
年金現価係数	52
能率差異	114

[は]

配賦基準	120, 144
バランスト・スコアカード	7, 156, 173, 191
パレート図	78
非付加価値活動	152
標準原価	102
比率分析	10
VE	135
付加価値	21
──活動	152
──率	22
複利現価係数	52
負債比率	19
ブランド	172
振替価格	119
ブルウィップ効果	85
プロダクト・ミックス	88
プロフィット・センター	115
分権的組織	115
変動費	27
──数量差異	65
──能率差異	113
変動予算	106
ボトムアップ	62

[ま]

埋没原価	67
見積損益計算書	58
見積貸借対照表	58
未来情報	2
無関連原価	67
無形資産	172
目標原価	129, 133

[や]

有形固定資産回転率	23
予算	57
──運算表	58
──ゲーム	63
──実績差異分析	63
──スラック	63
予定原価	104

[ら]

リスク	50, 55
理想標準原価	103
流動比率	18
労働生産性	22
労働装備率	22
労働分配率	23

[わ]

割引計算	49
割引率	49

《著者紹介》

中村彰良（なかむら　あきよし）

高崎経済大学教授。
1985年，早稲田大学社会科学部卒業，1992年，早稲田大学大学院商学研究科博士後期課程単位取得退学，埼玉女子短期大学専任講師，高崎経済大学助教授を経て，2004年より現職。

主要著書・論文

『標準簿記論』（分担執筆，創成社，1997年）
「経営管理者等の業績評価への無形資産価値情報の利用可能性」（『會計』
　第165巻第6号，森山書店，2004年）
『基礎簿記』（創成社，2013年）

（検印省略）

2007年10月25日　初版発行
2018年2月5日　第2版発行

略称 — 管理会計

管理会計論　[第2版]

著　者　中村彰良
発行者　塚田尚寛

発行所　東京都文京区　株式会社　創成社
　　　　春日2-13-1

電　話　03 (3868) 3867　FAX 03 (5802) 6802
出版部　03 (3868) 3857　FAX 03 (5802) 6801
http://www.books-sosei.com　振替 00150-9-191261

定価はカバーに表示してあります。

©2007, 2018 Akiyoshi Nakamura　組版：トミ・アート　印刷：S・Dプリント
ISBN978-4-7944-1519-6 C3034　製本：宮製本所
Printed in Japan　落丁・乱丁本はお取り替えいたします。

―――――― 簿記・会計学選書 ――――――

管理会計論	中村彰良 著	2,200円
標準簿記論	山浦瑛子 編著	3,200円
管理会計入門ゼミナール	髙梠真一 編著	2,000円
アメリカ管理会計生成史 ―投資利益率に基づく経営管理の展開―	髙梠真一 著	3,500円
監査入門ゼミナール	長吉眞一・異島須賀子 著	2,200円
簿記入門ゼミナール	山下寿文 編著	1,800円
会計入門ゼミナール	山下寿文 編著	2,900円
監査報告書の読み方	蟹江章 著	1,800円
管理会計要説	武田安弘 編著	3,500円
新版現代会計	木下照嶽 小林麻理・中島照雄 編著	3,600円
明解簿記講義	塩原一郎 編著	2,400円
明解会計学講義	塩原一郎 編著	1,900円
簿記会計の基礎	小川洌・小澤康人 編著	2,700円
会計学の基礎	小川洌・小澤康人 編著	3,000円
入門商業簿記	片山覚 監修	2,400円
中級商業簿記	片山覚 監修	2,200円
例解所得税法入門ゼミナール	前川邦生・青淵正幸 編著	1,900円
簿記テキスト	山下正喜 編著	2,700円
新版財務会計論	山下正喜 編著	3,100円
簿記原論	坂本眞一郎 著	2,400円
現代会計学研究	坂本眞一郎 著	2,600円
入門アカウンティング	鎌田信夫 編著	3,200円
簿記精説Ⅰ（6色刷）	野口和男・山本展雅 著	3,400円
簿記精説Ⅱ（2色刷）	野口和男・山本展雅 著	2,400円
簿記システム基礎論	倍和博 著	2,900円

（本体価格）

―――――― 創成社 ――――――